# Poems Saturnian
## An English-French Edition

I0528847

### Paul Verlaine
### "The Prince of Poets"

Translated By Richard Robinson

Sunny Lou Publishing Company
Portland, Oregon, USA
http://www.sunnyloupublishing.com

Revised and Corrected: January 3, 2024
2nd Edition, Corrected: July 25, 2022
Original Publication Date: June 30, 2022

Translation Copyright © 2022 Richard Robinson.
All rights reserved.

ISBN: 978-1-955392-29-7

# # #

This translation from French is based on *Poèmes Saturniens* as contained in the Robert Laffont edition of *Paul Verlaine, Œuvres Poétiques Complètes,* Paris, 1992.

# Contents

# Poems Saturnian

# Saturnians

*The Sages of yesteryear, quite the equal of today's,*
*Believed, and it is still a poorly elucidated matter,*
*They could read fortunes in the sky as well as disasters,*
*And that each soul was bound to one of the stars.*
*(One has much jeered at that explanation*
*Of nocturnal mystery without realizing that*
*Laughter is often ridiculous as well as disappointing.)*
*Now, those who are born under the sign of SATURN,*
*Unbridled planet, dear to necromancers,*
*Have among us, as per the ancient grimoires,*
*The better part of misfortune and the better part of bile.*
*The imagination, anxious and debile,*
*Renders void in them the effort of Reason.*
*In their veins the blood, subtle like poison,*
*Burning like lava, and rare, flows and rolls*
*While sizzling their sad Ideal which crumbles.*
*As such, Saturnians must suffer and as such*
*Die, – while admitting that we are mortal, –*
*Their life's plan being sketched out line by line*
*By the logic of an Influence that is malign.*

    *– P. V.*

# Prologue

In those fabulous days, in the limbos of history,
When Raghu's sons, beaus of greasepaint and glory,
Reigned their dazzling reign near the Ganges
And, by the intensity of their virtue challenging
The Gods and the Demons and the Bhagavant himself,
All august, elevated themselves to the supreme Sunyata.
Ah! The earth and sea and sky, – pure still
And young, and bathed in a golden shimmering light –
They heard, while calming the murmurs
Of thunder, crashing waves, ripe harvests,
And restraining the obstinate flight of swarms, –
They heard the sacred Poets sing of holy Warriors
While the sky and sea and earth saw,
Red and weary from their austere work,
The Holy Warriors, shy and timorous penitents,
Bow down before the sacred Poets!
A grandiosely venerable connectivity
Bound the serene Kshatriya to the calm Singer,
The excellent Valmiki to the excellent Rama:
Like two tufts of *padma* on an expanse of water.

– And under your bright, golden skies, ancient Hellas,
From Sparta the severe to Attica the smiling,
The Aoidos, Orpheus, and Alkaïos were still
Proud heroes, and combatted. Homeros,
Though he hadn't himself wielded the sword,
Made an immense, resounding clamor that rose, –
Your ever vigorous echoes and the vast posterities
Of Hektor, Odysseus, and Achilleus the sung.
Those heroes, in their turn, after vast battles,
Piously sacrificed to the nine chaste Goddesses,
And were smitten no less with the art of Aries
Than with that Art whose immortal Palm is the prize, –
Achilleus above all! And the Laërtiades[1] dominated,

---

[1]Laërtiades: son of Laertes, e.g., Odysseus.

With that golden voice that charms and persuades
Minds and hearts and souls, to this very day,
Just as Orpheus subdued tigers and bears.

– Later, in rougher climes, in barbarous eras
Among tumultuous Franks, our fathers,
Did not the heroic Trouvères, like Knights,
Play their august part in combats?
Did not Teroldus, after having sung Charlemagne
And his nephew Roland on the mountain,
And Oliver the good, and Turpin with the big heart,
In fine couplets and in harsh and martial rhythms;
Did not in battles, fifty years later,
The hard Leudes, spilling their blood by twenty cuts,
Sing peerless songs of the *geste* of Roland
And of those who witnessed Roncevaux[2]
And participated in the enormous and supreme butchery
At the time of the Emperor with the flourishing beard?...

– Today, Action and Dream have broken
The primitive pact used throughout the centuries,
And many have found disastrous that divorce
Of immense blue Harmony and Force.
Force, that formerly the Poet held bridled,
A winged white steed that shined;
Force now, Force, it's a ferocious Beast,
Bounding, insane, and ever ready at every spur
For every carnage, every devastation, every
Disembowelment, from one end of the world to the other!
Action, which formerly set the tune for songs on the lyre,
Drunken turmoil, prey to a hundred thousand fuliginous
Deliria of a century in ebullition,
Action, at present, – o mercy! – Action:
It is a hurricane, a tempest, and a swell,
Marine blue in the starless night, that leashes
And unleashes fright for the red and green flashes

---

[2]Roncevaux: The Battle of Roncevaux Pass, 778 A.D., when Charlemagne's army
was ambushed by the Basques.

In a half-lit sky amidst deafening noises!

– However, proud and gentle, far from the din
Of life and the disorderly shock of mercenary
Arms, – see them, grimping up ineffable heights –
A group of Singers dressed in white,
And the glimmers of apotheoses
Empurpling the serene pride of their poses:
All handsome, all pure, with gleams in their eyes,
And in their minds the unachieved glory of Gods!
The world, whom their profound word troubles,
Exiles them. In turn, they exile the world!
In the end, they have learned to stop
Mixing their pure notes with irresolute cries
Which keep stoking the obscene and violent crowds,
And that their isolation is fitting for the long march.
For the Poet, a lover of Beauty, it is his faith,
The Azure is his standard, and the Ideal, his law!
Do not ask any more of him, for his eyes,
Where the dazzlement of eternal things
Has instilled visions that he follows avidly,
Could not be lowered for one instant
On the shameful conflict of vulgar needs
And on your banal vanities; and if formerly
One saw him rubbing elbows with men, espousing
Their causes, weeping with them, egging them on
To wars, celebrating the pride of Republics
And the military glare and the aulic splendors
On the cithara, the harp, and the lute;
If sometimes he honored the present with a salute
And deigned to consent to that priestly role
Of loving and blessing; and if he truly wanted to be
The voice that laughs or cries, when one laughs or cries;
If he inclined his mind towards the human soul, –
It is because he misunderstood the human soul.

– Now, go, my Book, where hazard takes you!

# Melancholia

*To Earnest Boutier.*

## Resignation

As a child, I dreamt of the Koh-i-Noor,
Persian and papal sumptuousness,
Elagabalus and Sardanapalus!

My desire created under golden rooves,
Amidst music and perfumes,
Endless harems, physical paradises!

Today, calmer but no less ardent,
But knowing life and knowing one must bend,
I have had to restrain my fine folly,
Without too much resignation however.

So be it! the grandiose escapes my reach,
But, fie on the amiable and fie on the lees!
And I will hate pretty women forever,
Assonant rhymes, and the prudent friend.

## Nevermore

Memory, memory, what do you want from me?
In the fall, thrushes fluttered through the atonal air,
And the sun was shooting a monotonous arrow
Through the yellowing woods where the *bise* blared.

We were alone, and we were walking while dreaming,
Our hair and our thoughts to the wind, she and I.
When, turning her face to me, she said, suddenly,

"What was your finest day?" in a voice golden and lively.

Her sweet and sonorous voice, with its angelic timber.
A discreet smile of mine gave her the answer, and
Devotedly, I kissed her pale white hand.

– Ah! the first flowers, how sweetly scented they are!
And what a charming sound the first "yes" makes
When it exits the lips and mouth of the beloved!

## Three Years Later

Having pushed open the old narrow gate,
I took a stroll around the little garden,
Each flower moistly glowed, spangled
In the soft light of the morning sun.

Nothing had changed. The humble trellis
Of wild grape, and the rattan chairs...
The fountain with its argentine murmur,
The old aspen with its sempiternal plaint.

The roses, as before, palpitated; just as before,
The tall, proud lilies swayed in the breeze.
Each lark, coming and going, was familiar to me.

Even the Velleda[3] at the end of the path
I found standing in place, its plaster scaling,
– Spindly, a faint odor of the reseda permeating it.

## Vow

Ah! the *oaristys*![4] The first mistresses!
Their golden hair, azure eyes, flowers of flesh,

---

[3]Velleda: a Gallic druidess.

And finally with the odor of a dear, young body,
The timid spontaneity of their caresses.

How distant they all are now, those candors
And those joys! Alas! A spring of regrets,
In their vicinity has fled before the black winters
Of my ennuis, my languors, and my distresses!

So that now look at me, glum and alone,
Glum and desperate, colder than a forebear,
Like a poor orphan without an older sister.

O for the woman with a warm and caring love,
Sweet, pensive, brunette, and never surprised,
Who kisses you on the forehead sometimes, like a child!

# Lassitude

*A batallas de amor campo de pluma.* – GÓNGORA.

Gently, gently, gently!
Calm a tad those feverish transports, my dear.
Even in the height of passion at times, you know: a lover
Must possess with a nun's disinterested detachment.

Be languorous, make your caresses bedrowse,
Your sighs as well, and your coddling gaze.
Come, the jealous embrace and obsessive spasm
Do not equal a long slow kiss, even if faking!

But admit it, child, in your precious heart of gold
Wild passion blows on the olifant!...
Let it blare at its leisure, the whore!

Forehead against my forehead, hand in my hand,

---

[4]*oaristys*: A Greek term for "familiar and light-hearted conversations." See Theocritus' 27th Idyll.

Make an oath that you will break tomorrow,
And let us cry until daybreak, o my little hotty!

## My Familiar Dream

Often I have this strange and penetrating dream
About an unknown woman, whom I love, and who loves me,
And who is not entirely the same person each time
And not entirely different, who loves me and understands me.

For she understands me, and my heart, transparent
To her alone, alas! ceases to be a problem
For her alone, and the sweat of my pale brow, –
She alone knows how to dry it, while weeping.

Is she blonde, brunette, or red? – I do not know.
Her name? I recall that it was gentle and sonorous
Like those whom Life has exiled from their beloved.

Her gaze is like the gaze of statues; as for
Her voice, it is distant and calm and grave; she has
The inflection of precious voices that have fallen silent.

## For a Woman

For you these lines, for the consoling grace
Of your large eyes where a sweet dream laughs and weeps.
For your pure and thoroughly good soul, for you
These lines from the bottom of my violent distress.

The thing is that – alas! a hideous nightmare haunts me,
Gives me no rest, and goes furiously, madly, jealously
Multiplying like a cortège of wolves,
Snapping at my fate which it drowns in blood!

Oh! I suffer, I suffer dreadfully, so much so that
The first groaning of the first man cast out
Of Eden is but an eclogue compared to mine!

And the concerns that you might have are like
Some swallows in an afternoon sky, –
Dear, – on a gorgeous, warm September day.


# Anguish

Nature, nothing in you moves me, not the nourishing
Fields, not the vermillion echo of Sicilian
Pastorals, nor the auroral splendors,
Not the doleful solemnity of sunsets.

I laugh at Art, I laugh at Man too, songs,
Verses, Greek temples, and the spiraling towers
That cathedrals point into the empty sky,
And I see both good and evil with the same eye.

I do not trust in God, I abjure and I renounce
All thought, and as for that ancient irony,
Love, I would ask you not to bring it up.

Tired of living, fearful of death, like a ship
Lost at sea, prey to the ebb and flow of the waves,
My soul prepares for a terrible shipwreck.

# Etchings

*To François Coppée.*

## Parisian Sketch

The moon plated its scene with zinc hues
     At obtuse angles.
Wisps of smoke in the form of a "5"
Exited thick and black from the tall pointed rooves.

The sky was grey. The North Wind wailed
     Like a bassoon.
In the distance, a shivering tomcat
Caterwauled in a strange fashion.

Me, I went along dreaming of divine Plato
     And Phidias,
And of Salamis and Marathon,
Under the blinking eyes of the blue gas lamps.

## Nightmare

I saw passing in my dream
– Like a hurricane on the strand, –
In one hand holding a sword
And in the other hand an hourglass,
     That cavalier

From German ballads
Whom across town and country,
From river to mountain
And from forest to valley,

A flaming red

And ebony black stallion
Carries, without bridle or bit
Or reins, or hup! or crop
While the knight growls, mutedly,
        Onwards! Onwards!

A wide felt hat with a long feather in it
Was pulled down over his eyes which flashed
And faded. As when in a fog
The blue light of a firearm
        Explodes and dies.

Like the wing of an osprey
That a sudden storm frightens,
Through the air, streaked by snow,
His rising coat
        Flapped in the wind

And exposed gloriously
A dark and ivory torso
While, in the black night,
His thirty-two teeth glowed
        As he cried stridently.

## Seascape

The sonorous ocean
Throbs under the eye
Of the mournful moon
And throbs still,

While a sinister
And brutal lightning bolt
Tears the bister sky
With a long bright zigzag,

And each blade
In convulsive bounds
Along the reefs
Goes, comes, gleams and clamors

While in the firmament,
Where the storm errs,
The thunder roars
Formidably.


# Night Effect

Night. The rain. A pallid sky that the silhouette
Of a gothic town, faint in the gray distance,
Scratches with its spires and towers during the day.
The plain. A gibbet filled with diminished hanged men
Shaken by the avid beaks of ravens,
Their unequal legs dancing in the black air,
While their feet are fodder for wolves.
Several sparse thorn bushes and some holly,
Rousing horror of their foliage to the right and left,
On the fuliginous jumble of a sketched landscape.
And finally, around three livid prisoners
Who walk barefoot, two hundred twenty-five soldiers
Marching, their irons pointed up, like a portcullis,
Gleaming in an opposite direction to the downpour's lances.


# The Grotesques

Their legs for all mounts,
The gold in their eyes for all fortune,
On the road to adventure,
They go haggard in rags.

The wiseman, indignant, harangues them;
The idiot reproves those hazardous fools;
Children stick their tongues out at them
And girls mock them.

The thing is that, maleficent in effect
And odious and ridiculous,
They have the air, at twilight,
Of a bad dream one had;

The thing is that, strumming with fists
Of freedom on their shrill guitars,
They twang bizarre songs,
Rebellious and nostalgic;

And the thing is finally that, in their eyes,
A love of eternal things,
Old deaths, and ancient gods,
Laughs and cries – annoyingly!

– Go, then! unremitting vagabonds,
Wander, fatal and accursed,
Along the gulfs and banks,
Under paradises' closed eyes!

Nature allies itself with man
To chastise as necessary
The arrogant melancholy
That makes you walk tall,

And it wrecks vengeance on you for the blasphemy
Of your vast and vehement hopes,
And bruises your anathema face
In a rude shock of the elements.

June burns and December
Freezes your body to the bone,
And a fever invades your limbs

Which are rent by the reeds.

All things repulse you and trouble you,
And when death comes for you,
Your cadavers, thin and cold,
Will be scorned by the wolves.

# Sad Landscapes

*To Catulle Mendès.*

## Setting Suns

A faded dawn
Pours through the fields
The melancholy
Of setting suns.
The melancholy
Cradles with sweet tunes
My heart which loses itself
In the setting suns.
And strange dreams,
Like setting suns
On strands,
Vermillion phantoms,
Walk past endlessly,
Walk past like
Big setting suns
On the strands.

## Mystical Evening's Twilight

My Memory with the Twilight
Blushes and trembles on the ardent horizon
Of the Hope in flames that shrinks
And grows like a mysterious wall
Where many an inflorescence
– Dahlia, lily, tulip, and ranunculus –
Thrusts out from a trellis and spreads,
Amidst the unhealthy emanation
Of heavy and hot perfumes, whose poison

– Dahlia, lily, tulip and ranunculus –
Drowning my senses, soul, and reason,
Mixes, in an immense swoon,
My Memory with the Twilight.


# Sentimental Promenade

The setting sun fired its last rays,
And the wind cradled the wan nenuphars;
The tall nenuphars amidst the reeds
Sadly gleamed on calm waters.
Me, I erred all alone, walking my wound
Along the pond, in the willow grove
Where a vague fog evoked a vast
Phantom, milky white and desperate,
Weeping with the voices of teals
Who called to one another, beating their wings
In the willow grove where I erred all alone,
Walking my wound; and a thick shroud
Of darkness came and drowned the last rays
Of the setting sun in its wan waves
And the nenuphars amidst the reeds,
The tall nenuphars on calm waters.


# Classic Saint Walpurgis Night

More the sabbath of the second Faust than the other.
A rhythmical sabbath, rhythmical, extremely
Rhythmical. – Imagine a Lenôtre garden[5],
          Correct, ridiculous, and charming.

Roundabouts in the middle of which jets of water; completely
Straight pathways; marble sylvans; bronze marine gods;
Here and there Venuses on display;

---

[5]Lenôtre: André Lenôtre (AD 1613-1700) a landscape artist in Louis XIV's hire.

Quincunxes, bowling greens;

Chestnut trees; flowering plants along the dune;
Here, dwarf roses that a learnèd taste pruned;
Farther away, yew trees cut into triangles. A summer
        Even's moon beaming over all that.

Midnight strikes, and from the back of the aulic park awakens
A melancholic tune, a soft, slow, gentle tune
Of the chase: like the gentle, slow, soft and melancholic
        Tune of the *Tannhäuser* chase.

Songs hidden by distant horns where the tenderness
Of sounds embraces the terror in the soul of harmoniously
Dissonant accords in drunkenness;
        And behold, at the blast of the horns

The all-white forms intertwine suddenly,
Diaphanous, and the moonlight makes them look
Opaline in the green shadow of the branches,
        – A Watteau landscape dreamt by Raffet! –

They intertwine with a languid gesture, filled
With deep despairs in the green shadows of the trees;
Then, around the mass of trees, bronzes, and marbles,
        They very slowly dance a round.

– Those agitated specters, are they not the thoughts
Of the drunken poet, or his regrets, or his remorses,
Those agitated specters in cadenced throng,
        Or rather the dead quite simply?

Are they not your remorses, O dreamer whom the horror,
Or your regrets, or your thoughts beckons – No? – All
Those specters that an irresistible vertigo agitates,
        Or rather the dead who would be mad? –

No matter! They always go, those febrile phantoms,

Leading their vast, glum, leaping, round dance with them
Like specks in a ray of sunlight,
     And evaporate in an instant,

Humid and pale, when the dawn snuffs out their bodies
One after the other, so that absolutely nothing remains –
Absolutely nothing – other than the Lenôtre garden,
     Correct, ridiculous, and charming.


## Autumn Song

The long sobs
Of Autumn
    Violins
Wound my heart
With a monotonous
    Languor.

Suffocating
And wan, when
    The hour sounds
I remember
The old days
    And I weep;

And I go
Where the unwholesome wind
    Carries me,
Here, there,
Just like
    A dead leaf.


## The Shepherd's Moment

The moon is red on the misty horizon;

In a fog that pirouettes, the fuming prairie
Falls asleep, and a frog ribbits
In the green reeds where circulates a shiver.

The water lilies close their corollas;
The poplars stand in profile in the distance,
Their uncertain specters straight and close;
The fireflies wander about the bushes;

The screech owls waken and silently
Stroke the dark air with their heavy wings,
And the zenith fills with dull light.
White, Venus emerges, and it is night.


## The Nightingale

Like a shrill and agitated flock of birds,
All my memories swoop down on me,
Swoop down amidst the yellow foliage
Of my heart watching its bent alder trunk
In the violet reflection of the water of Regrets
Which melancholically flows close by,
Swoop down, and then the unpleasant noise
That a rising clammy breeze appeases,
Fades away by degrees in the tree, so much so that
After an instant nothing is heard anymore,
Nothing but the voice celebrating the Absent One
Nothing but the voice – O so languishing! –
Of the bird that was my First Lover,
And which sings still, as on the first day;
And, in the sad splendor of a moon
Rising pale and solemn,
A melancholic and heavy summer night,
Full of silence and darkness,
Cradles on the azure that a gentle wind touches
The tree that rustles and the bird that weeps.

# Caprices

*To Henry Winter.*

## Woman and Cat

She played with her cat;
And it was marvelous to watch
The white hand and white paw
Frolic in the shadows of the night.

She hid – the villainess! –
Under her black knit mittens
Her murderous agate nails,
Sharp and razor thin.

The other also acted sweet,
And retracted her sharpened nails,
But the devil was not the poorer for it...

And in the boudoir where, sonorous,
Her sylphlike laughter rang out,
Four points of phosphorus shone.

## Jesuitism

The disappointment that kills me is ironic, and
Adds sarcasm to the punishment, and
Frankly does not torture at all, but stings with a false smile and
Transforms my martyrdom into an amusing spectacle, and
On the bier where my half-rotten Dream lies
A *De Profundis* bellows to the tune of *Tradéri*.
All because of a Tartuffe who, while placing button
Roses on the altars of morose Madonnas,

While making the children's choir sing
Those canticles of warm water in which the heart bathes,
While starching those amorous wimples
That snake around the sacred body of the Blessed,
While quietly telling his rosary beads,
While passing his hand over his small collar,
While speaking with the compunction of the soul,
Meditates on my ruin nonetheless – the bastard!


## Song of the Ingenuous

We are the Ingenuous
With our hair parted and blue eyes,
Who live, unknown almost,
In novels that few read.

We go arm in arm,
And the day is no purer
Than at the back of our thoughts,
And our dreams are azureous;

And we run through the meadows
And laugh and prattle
From dawn to dusk,
And chase butterflies;

And the hats of shepherdesses
Keep our skin fresh,
And our dresses, – so thin, –
Are of an extreme whiteness;

The Richelieux, the Caussades and
The Knights Faublas
Lavish on us their glances,
Greetings, and "alases!"

But in vain, and their gestures

Are all for naught
Before the ironical folds
Of our pleated skirts;

And our candor jeers
At the imaginations
Of those immense bores,
Although we sometimes feel

Our hearts beating under our tunic
At the clandestine thought
Of knowing ourselves the
Future lovers of libertines.


# A Great Lady

Pretty enough "to damn saints," to arouse an old judge
Under the almuce! She walks imperially.
She speaks – and her teeth gleam when she does –
Italian, with a slight Russian accent.

Her cold eyes, Prussian blue set in enamel,
Have the insolent gleam and hardness of diamonds.
For the splendor of her bosom, for the radiance
Of her skin, no queen, no courtesan, – were it

Cleopatra the lynx or Ninon the feline, –
Can equal her patrician beauty, no!
Look, o good Buridan[6]: "She's a great lady!"

One must – and there is no middle way – either adore her
Flat out, with no star in the sky but her thick red hair, –
Or quirt her in the face, that woman!

---

[6]Buridan: Jean Buridan (AD 1301-1361), a French philosopher; attributed to him is the famous thought problem called Buridan's ass.

# Mr. Prudhomme

He is serious: he is the mayor and the father of a family.
His false collar swallows up his ears. His eyes
In an endless dream float insouciantly,
And a springtime of flowers shines on his slippers.

What is a golden star to him, and what is a tree-covered walk
Where a bird warbles in the shade; and what are skies to him,
And green meadows, and silent lawns?
Mr. Prudhomme dreams of marrying his daughter

To Mr. What's-his-name, a well-off young man.
He is middle of the road, politically; a botanist, and potbellied.
As for makers of verse, those good-for-nothings, those scoundrels,

Those bearded loafers with unkempt in hair, he holds them
In more horror than his eternal head cold,
And a springtime of flowers gleams on his slippers.


# Initium

The violins laughed with the sound of the flutes
And the ball whirled around when I saw her pass
With her blond hair playing on the volutes
Of her ear where my Desire rushed forward
Like a kiss, wishing to speak with her, but dared not.

But she passed, and the slow mazurka
Carried her in its indolent rhythm like a verse,
– Melodious rhyme, dazzling image, –
And her soul of a child shone through
The sensual amplitude of her grey-green eyes.

Since then, my Thought – immobile – contemplates
Her evoked Splendor in adoration,

And my Love enters into the Memory of her
As if into a temple, filled with superstition.
And I believe that here comes the Passion.


# Savitri

*(Maha Baratta.)*

To save her spouse, Savitri made a vow
To stand three entire days, three entire nights,
Without moving her legs, torso, or eyelids:
Rigid like a post, said Vyasa.

Neither your cruel spokes, Surya, nor the languor
That Chandra scatters at midnight on the heights
Have weakened, in their sublime efforts,
The resolve and flesh of the great-hearted woman.

– Forgetfulness, that dark and gloomy assassin, may surround us,
Or Envy, with its bitter traits, may target us,
But just like Savitri we make ourselves impassive,
And, like her, we keep a lofty design in our soul.


# Outside the City

The small yews in the cemetery
Shiver for the hibernal gusts,
In the glacial light.

With the hushed sounds that make one feel ill,
The wooden crosses on new graves
Vibrate to an abnormal tune.

Silent like rivers,
But swollen with tears, as they are with waves,
Children, mothers, and widows,

Through the detours of the sad enclosure
They go, – slow procession, –
In the clashing rhythm of sobs.

The ground underfoot slips and cries;
On high, large twisted clouds
Grow disheveled with a fury.

Penetrating like a remorse,
A thick cold falls that disheartens you
And that filters among the dead,

Among the poor dead, forever
Alone and constantly shivering,
– Let's forget them or let's weep for them! –

Ah! Spring, come quickly,
And your bright sun that caresses,
And your sweet chattering birds!

May the enchantress be revived once again,
The glory of gardens and fields
Which harsh winter keeps in distress!

And may – from sunrise to sunsets –
The dilated gold of a infinite sky
Lull with songs and perfumes

Your mournful slumbers, dear sleepyheads!


## Serenade

Like the voice of a decedent who would sing
  From the bottom of his grave,
Mistress, hear my voice, sharp and false,
  As it rises toward your bower.

Open your soul and your ear to the sound
      Of my mandolin:
For you I sing, for you, this cruel
      And tender song.

I would sing your eyes of gold and onyx,
      Free of any blemish,
And then the Lethe of your bosom, and the Styx
      Of your dark hair.

Like the voice of a decedent who would sing
      From the bottom of his grave,
Mistress, hear my voice, sharp and false,
      As it rises toward your bower.

Then I would heap praise, deservedly,
      On that blessed flesh of yours
Whose opulent scent comes back to me
      On sleepless nights.

And finally, I would recount the kiss
      Of your red lips,
And your gentleness in martyring me,
      – My Angel! – my Slut!

Open your soul and your ear to the sound
      Of my mandolin:
For you I sing, for you, this cruel
      And tender song.


# A Dahlia

Courtesan with the firm breast, eye opaque and brown
Slowly opening like that of a cow,
Your broad chest gleams like new marble.

Rich and fleshly flower, around you floats no
Aroma, and the serene and matte beauty
Of your body uncoils its impeccable harmonies.

Your skin has no smell even, that scent that
At least those who make hay exhale,
And you sit enthroned, an Idol insensitive to incense.

– So too the Dahlia, a queen splendorously adorned,
Humbly lifts her head without a scent,
Arousing amidst the annoying jasmine!


# Nevermore

Let's go, poor heart, let's go, *my old accomplice*,
Stand up and paint anew all your triumphant arches;
Burn stale incense on your artificial-gold altars;
Plant flowers along the gaping edges of precipices;
– Let's go, poor heart, let's go, *my old accomplice!*

Lift your song to God, O rejuvenated cantor;
Intone, hoarse organ, your splendid *Te Deum*;
Old before your time, hide your wrinkles;
Surround yourself with mordoré rugs, yellowed walls;
– Lift your song to God, O rejuvenated cantor.

Ring, grelots; ring, handbells; ring, church bells!
For my impossible dream has taken shape, and I hold it
In my arms: Joy, that winged
Voyager who avoids Man's approaches.
– Ring, grelots; ring, handbells; ring, church bells!

Joy has walked side by side with me;
But FATALITY knows no rest:
The fruit has a worm, the dream has an awakening,
And love has remorse: such is the law.
– Joy has walked side by side with me.

# Il Bacio[7]

The kiss! the hollyhock in a garden of caresses!
Lively accompaniment on the clavier of teeth
With its soft refrains that Love sings in ardent hearts
With its voice of an archangel and an enchantress' languors!

Sonorous and graceful Kiss, divine Kiss!
Unequaled voluptuousness, ineffable intoxication!
Salvation! A man, bent over your adorable goblet,
Gets drunk on a joy that he cannot finish.

Like Rhenish wine, and like music,
You console and you cradle, and sorrow
With ill humor expires in your purplish folds...
A greater poet, Gœthe or Will, is needed to pen a classical poem to
          you.

As for myself, paltry trouvère of Paris, I can merely
Offer you this bouquet of infantine stanzas:
Be benign then, and, for a prize, on the naughty lips
Of Someone I know, come lower, Kiss, and laugh.

# In the Woods

Others, – innocents or lymphatics even,
Find merely languorous charms, fresh breezes,
And warm perfumes in the woods. They are happy!
Others – dreamers – feel taken by mystical fears.

They are happy! As for me, nervous, whom a dreadful
And vague remorse terrifies ceaselessly,
Through the forests I tremble like a coward
Who would fear an ambush or see the dead.

---

[7]Il Bacio: Italian for "The Kiss."

Those large, ever-reaching branches, like waves,
Whence a black silence falls with an even darker
Shadow, all that morose and sinister décor
Fills me with a trivial but profound horror.

Primarily on summer evenings: the red of the sunset
Blends into the blue-gray of mists which it colors
With fire and blood; and the Angelus that tintinnabulates
In the distance sounds like a plaintive cry drawing near.

The wind rises warm and sultry, a shudder passes
And re-passes ever more violently in the ever darker
And obsessive thickness of the tall oak trees,
And disperses, like a miasma, throughout the area.

Night falls. The owl flies. It is the moment
When one thinks of the tales of naïve ancestors...
Under a thicket, there, over there, the lively founts of water
Sound like posted assassins, conspiring together.


# Parisian Nocturne

*For Edmond Lepelletier.*

Roll, roll, your indolent waves, mournful Seine. –
Under your bridges which an unwholesome vapor surrounds
Many a body has passed, dead, horrible, rotted,
Whose soul had Paris for its murderer.
But you crawl along, in your icy waves,
While I look on you, inspired by my thoughts!

The Tiber has ruins along its banks that make
The voyager go back in time, profoundly,
And which, covered in black ivy and lichen,
Appear gray heaps amidst the green grass.
The gay Guadalquivir laughs with its golden orange groves

And reflects, in the evening, the soft boleros.
The Pactolus has its gold, the Bosphorus has its bank
Where the lascivious odalisque takes her repose.
The Rhine is a burgrave, the Lignon is a troubadour,
And the Adour is a ruffian. The Nile,
With the plaintive sounds of its somnolent waters,
Fills the sleep of mummies with sweet dreams.
The great Meschascebe, proud of its sacred junks,
Augustly ferries its golden-brown islands,
And suddenly, with bright lights, loud noises, and splendor,
It falls, splendidly, in vast Niagaras.
The Eurotas, where a bevy of trumpeting swans
Blends its white grace in the matte green laurel trees
Under a clear sky that a flight of bearded vultures lines,
Rhythmical and caressing, sings like a poet.
Finally, the Ganges, amidst the tall trembling palm trees
And red padmas, progresses with a proud, slow pace
In royal adornment, while far away the crowds,
A living swell, go hurling beside the temples
To the massif clacking sound of wooden cymbals,
While the yellow-striped tiger, squatting,
Listening to the hautboys, stretches its limbs and yawns,
Waiting for the hour when the agile antelope leaps.

– But you, Seine, you have nothing. Two quays, and that's it,
Two grimy quays lined from one end to the other
With horrifying, moldy books and a remarkable crowd
Who throw out a line and make rings in the water.
Yes, but when the evening comes, thinning out finally
The passersby who are heavy with sleep or hunger,
And when the sunset stains the sky red,
How good it feels to dreamers to leave their hovels
And, leaning against the Cité's bridge, in front of
Notre-Dame, dream, their heart and hair to the wind!
The clouds, chased by nocturnal breezes,
Streak, red and coppery, across the taciturn sky.
On the head of a king in the portal, the sun,
At its time of dying, plants a vermillion kiss.

The swallows fly away at the dark's approach,
And somber bats can be seen flitting around.
All sounds die down. A barely audible and vague
Sound reveals that the city is still there, singing its song,
Licking its tyrants' boots, and biting its victims;
And it is the dawn of passion, love, and crimes.
– Then, suddenly, while an alarmed tenor
Casts his desperate cry into the dark air,
His cry that laments and prolongs itself, and cries,
A Barrel organ bursts out from some corner:
It bawls one of those tunes, romances or polkas,
That as children we played on our harmonicas,
And which stirs, slow or fast, rejoicing or sad,
The souls of outlaws, women, and artists.
It is grating, it is false, it is terrible, it is harsh,
And it would give Rossini a fit, for certain;
Those laughs are forced, those laments are hacked;
In a treble clef of impossible teeterings,
The notes have a catarrh and the *do*'s are actually *la*'s,
But who cares! People weep upon hearing it!
And the mind, transported to a land of dreams,
Feels the sap of those old harmonies flowing again;
Compassion mounts in the heart, and tears well in the eyes,
And one would like to feel the peace of heaven,
And in a strange and fantastic harmony that
Takes after the music and takes after the plastic arts,
The soul, inundating them with light and song,
Mixes the sounds of the organ with the rays of the sunset!

– And then the organ dies down, and then there is silence,
And drab night arrives, and Venus wavers
On a soft cloud in the recesses of obscure skies.
The gas lamps are lit along the outer walls
And the star and flames make fantastic zigzags
In the river darker than the velour of masks;
And the contemplator on a high parapet
Rusted by the air and by the years like an old *sou*,
Leans over, prey to the harmful breezes of the abyss.

Thought, supreme hope, sublime ambition,
Even memory, everything dies down, everything disappears,
And he is left alone with Paris, the Wave, and the Night!

– Sinister trinity! The hard gates of hell!
The Mane, Thecel, and Phares of dead illusions!
All three of you, o Ghouls of misfortune,
So terrible that Man, drunk with sorrow,
Whose flesh your specters' fingers pierce,
Man, a kind of Orestes without an Electra,
Under the fatality of your empty gazes,
Can do nothing, and heads straight for the precipice;
And all three of you are so intent on killing
And making offerings to the great Grub of spouses
That he can only choose from among three horrors,
And if he were more afraid of dying from the terrors
Of Darkness or under the silent, deep Water of the Seine,
He would choose to die in your arms, Paris, O queen of the world!

– And you keep on flowing, Seine, and you wend
Your way through Paris, like an old serpent,
Like a filthy old serpent, carrying towards your ports
Your cargoes of wood, and coal, and cadavers!


# Marco

When Marco passed, all the young men
Leaned over to see her eyes, Sodoms
Where the flames of Love pitilessly burned
Your poor hovel, o cold Friendship;
All around, mystical perfumes danced
While the soul, weeping, grew exhausted;
A charm glided over her red hair;
Her gown made strange music
   When Marco passed.

When Marco sang, her hands, on the ivory keys,

Often evoked the dark profundity
Of primitive tunes that no one can repeat,
And her voice climbed into the paradises
Of the immense symphony of dreams,
And an enthusiasm then transported
Whoever was listening to her to *known* skies –
That argentine timber that vibrated ceaselessly,
  When Marco sang.

When Marco wept, her terrible tears
Defied the brightness of the most beautiful arms;
The carmine of her lips of blood grew darker
And her despair had nothing human about it;
Like a fire that oil exasperates,
Her ire grew, red, and one might have said that
She looked like a lioness in the bitter forest
Communicating her terrible wrath,
  When Marco wept.

When Marco danced, her moiré skirt
Ebbed and flowed like a tide,
And her sides, like a flexible bamboo stalk,
Twisted, making her white bosom stand out;
A lightning bolt was emitted. Her marble leg
Emphatically cynical, raised
Her matte splendors and that sounded
Like the wind at night in a tree,
  When Marco danced.

When Marco slept, oh! what scents of amber
And flesh oppressed the room!
Under the sheets, the exquisite line of her back
Rose and fell, and in the shadow of the curtains
Her breath mounted, rhythmical and quiet;
A happy and calm sleep closed her eyes
And that sweet mystery charmed
The vague objects on the shelves,
  When Marco slept.

But when she loved, waves of lust
Overflowed the banks, like a vermillion blood
That steams and boils and issues from a wound,
From that cruel body that her crime absolves;
The torrent broke the dyke of the soul,
Drowned all thought, and knocked over
Everything in its passage, and rebounded,
Supple and devouring like a flame,
      And then grew cold.


# Cesare Borgia

*Full-Length Portrait*

Against a somber background drowning a rich vestibule
Where the bust of Horace and that of Tibullus,
Distant and in profile, dream in white marble,
His left hand on his dagger, his right hand at his side,
While, with a soft chuckle, his mustaches stand up,
The duke CESARE in grand costume stands out.
His black eyes, black hair, and black velours
Contrast, among the sumptuous gold of an evening,
With the matte and handsome pallor of his face
Seen at three-quarters of an angle and very shadowed, in the custom
Of the Spanish as well as that of the Venetians,
In the portraits of kings and patricians.
His nose palpitates, fine and straight. His mouth, red,
Is small, and one might say that the wallhanging budges
In the vehement breath that must be exhaled.
And his gaze, wandering with a *laisser-aller*
Before him, as he sits for ancient portraits,
Teems with the enormous thoughts of adventure.
And his forehead, wide and pure, furrowed by a large crease,
Doubtless filled with formidable plans,
Meditates under a fur cap where a feather quivers,
Issuing from a knot of ardent rubies.

# The Death of Philippe II

*To Louis-Xavier de Ricard.*

The setting of a September sun ensanguines
The drab plain and sharp crest of the Sierras
And the slow installation of fog at a distance.

The Guadarrama pushes up between the level sands
Its hasty waves that reflect in places
Some dwarf olive trees twisting their small branches.

The wide angular flight of rapacious sparrowhawks
Streaks the matte and red sky to the west that turns brown,
And their raucous cries grate through the open spaces.

Despotic, and rising before the zenith,
With the brutal mass of its octagonal towers,
The Escuriel extends its granite pride.

The square walls, pierced by monotonous glass,
Rise straight, white and naked, with no other ornaments
Than some sculpted grills alternated by crowns.

Together with sounds like the rude hurlings
Of a bear that shepherds annoy with pick-thrusts
And whose echo responds with alarming death rattles,

A torrent of cries rolling its soundwaves over the rocks,
And then evaporating in long murmurs,
Sinisterly, in the evening air, the church bells ring.

Through the palace courts, where the shade leaves its mark,
Circulates – tortuous hieratic serpent –
A procession of monks in white frocks

Who walk one by one, in ascetic order,
And who, barefoot, cord around belly, candle in hand,

Ululate a canticle in formidable voices.

– Who dies here then? For whom on the path
Is that straw strewn, and for whom are those long-draped crosses
According to Roman Catholic ritual? –

The room is tall, vast and somber. Nielloed,
The massive mahogany doors open soundlessly,
Their locks being, like their hinges, oiled.

A vague redness sadder than the night
Filters in, in indecisive rays, through the folds of the curtains,
Through the windows where a sunset still glows,

And makes hover over the architectures,
At an angle from the objects, in the shadow of the ceiling,
That singular halo that one sees in paintings.

Among the transparent and deep chiaroscuro,
Frightened men and women stir
With the furtive paces that hyenas make.

The lord's and ladies' rich clothing,
Velour, panne, satin, silk, ermine, and brocade,
Sing an ode of luxury in shimmering scales,

And, piercing the opaque half-light artfully
With flashes of lightning, the bronze cuirasses
Of the guards in a row scintillate, three quarters.

A man in a black robe, with the face of a *guivre*,
While caressing his femurs with his hand, leans
Over the bed as if leaning over a book.

The curtains of golden cloth stiff like walls
Fall in a straight line from an ebony dais,
Blinding the eye at regular intervals by their hard diamonds.

In bed, an old man of inordinate thinness
Tells his rosary, which he kisses at moments,
Between his fingers crooked like vine sprigs.

His lips make that long and quiet murmuring sound,
The last sign of life and the first sign of agony,
– And his breath stinks frightfully.

In his beard the color of tarnished amaranth,
Among the white hairs where reddish spots glisten,
Under his linen sheet edged with yellowed lace,

Avid, zealous, teeming, and intent
On sucking all the unwholesome blood from their dying host,
In battle formations, come and go, the fleas.

It is the King, that moribund attended to by a bald physician
King Philippe II of Spain, – all hail! –
And the Austrian eagle grows alarmed in the alcove,

And the large escutcheons, nailed to the walls,
Shine, and many a flag where the black bird spreads
Its wings hangs here and there, stirring vaguely!...

– The door opens. A flood of brutal light
Pours in suddenly, unfurls and soon fills
The breadth of the room in a horizontal layer;

Bearers of red candle, whom ecstasy fills,
Six capuchins, enter, engrossed in prayer:
One leaves them and approaches the bed.

He is tall, young, thin, and his step is of stone.
And fierce looks of Faith shoot out,
Beaming, through the lashes of his eyelids;

His steady, heavy, and weighty foot, like the Law,
Sounds on the rugs, in regular pace, emphatic:

Eyes lowered, he walks straight to the King.

And all, during his trajectory, in an ecstatic gesture
Kneel, striking their chest three times with their fist;
For he carries with him the sacred Viaticum.

The quack respectfully steps back from the bed,
The physician of the body, on the same occurence,
Must cede his place, Soul, to your doctor.

The face of the King, whom suffering lays low,
At the approach of this friar, calms a little,
So great a hope does he place in religion!

The monk, messenger of God's justices,
At this moment, opening his fiery eye which flashes
With pardons mixed with reproaches, stops.

– Sinisterly, in the evening air the church bells ring.

And confession begins. Turning over
On his side, the King, in a soft voice, low and weak,
Tells of fires, Jews, burnings, and blood.

"Would you be repenting, by chance, of that zeal?"
"Burning the Jews, but that is a delectation!"
"You were orthodox and faithful in doing so."

And stiffening in exaltation,
The Reverend, with arms crossed and head lowered,
Appears the sculpted spirit of the Inquisition.

Having caught his breath, and in a broken voice,
Painfully, as if extracting by pieces
A dolorous remorse from the back of his memory,

The King, whose bony face and pale forehead
Was lit up by the tragic light of the flames,

Pronounces these words: Flanders, Albe, deaths, sacks, tombs.

"The Flemish, revolted against the Church even,
Were very justly punished, praise be to you,
And I am surprised, o King, of that supreme doubt.

But continue." And the King spoke of Don Carlos,
And two trembling tears rolled down his cheek,
Trembling but stuck frightfully to the bone.

"You deplore that deed, and I, I praise you for it!
The Child was certainly guilty to the last degree,
Having wanted to drag Spain into the mud

Of English heresy, and besides having nowise
Stopped conspiring – o abhorrent ruses! –
And against a Father, a Master, and an Anointed!"

The monk then said his sacred formulas
By which all our sins are remitted, and then
Taking the Host with his two timorous hands

He placed it on the King's tongue. All sounds
Stopped and the Court, bending over in distress,
Prayed, silent and pale, and nobody knows since then

Whether his prayer was sincere or traitorous.
– Who will tell the dark thoughts that guarded
That silence, the complicit fog that looms? –

Having taken communion, the King fell back
Onto the fullness of his cushions, and the beatitude
Of Absolution was already opening

The eye of his soul to the bright day of certitude;
His face lit up into an exquisite smile
Which exhibited both pride and quietude.

And while around him dukes, counts, and marquis,
Filled with anguish, peeked under the bedcurtains,
The soul of the dying King climbed to conquered heavens.

Then the death rattle sounded in the chest
Of that august patient, in mad fits:
Like a storm passing through a ruin.

And then, nothing; and then, exiting a thousand holes,
Like serpents slithering out of their lair,
Worms rubbed elbows with the fleas on his cold body.

– Philippe II was at the right hand of the Father.

# Epilogue

I

The sun, less ardent, shines clear in a sky less dense.
Balanced by an autumnal and cradling wind,
The rose bushes in the garden incline in cadence.
The ambient atmosphere has a sister's kisses to it.

Nature has left, this time, its throne
Of splendor, irony, and serenity;
Clement, she descends through a stretch of yellow air,
Towards the man, her perverse and rebellious subject.

With a swath of her coat that the abyss constellates,
She deigns to wipe moisture from our foreheads,
And her eternal soul and her immortal frame
Bring calm and vigor to our soft and prompt hearts.

The fresh swaying of leafless boughs,
The enlarged horizon full of vague songs,
Everything, the joyous flight of birds and clouds included,
Everything, today, consoles and delivers. – Let's think.

II

So, it's done. This book is closed. Dear Ideas
That lined my grey sky with your wings of fire
Whose wind caressed my obsessed temples,
You may fly back now to the Infinite blue!

And you, Verse that chimed, and you, sonorous Rhyme,
And you, chanting Rhythms, and you, delicious
Memories, and you, Dreams, and you too,
Images that my anxious desires evoked,

We must separate now. Until more fortunate days
When Art, our master, will reunite us, *adieu*,
*Adieus*, sweet companions, *adieu*, charming accomplices!
You may fly back now to the Infinite blue.

Also, we have run our course
And the young stallion of our good pleasure,
All excited as he is about his first run,
Has need of a little shade and some leisure.

– For we have always fixed on you, o Poesy,
Our unique star and our unique passion,
Having you alone for our guide and chosen companion,
Our Mother, and distrustful of our Inspiration.


III

Ah! Superb and sovereign Inspiration,
Egeria with luminous and profound gazes,
Commodious Genium and sudden Erato,
The Angel of old tableaus with gold paint,

The Muse, whose voice is strong doubtless,
As she has struck the young heads,
Like those dandelions dotting the route,
Pushing up a whole garden of new poems,

The Dove, the Holy Ghost, sacred Delirium,
Opportune troubles, complacent Transports,
Gabriel and his lute, Apollo and his lyre,
Ah! Inspiration, one invokes you at sixteen!

What we need, Supreme Poets,
Who venerate the Gods and who do not believe in them,
We, whom no beam of light will aureole our heads,
Whom no Beatrice has directed our paces,

We who chisel words like cuts
And who very coldly make emotional verse,
We who are not seen at night in harmonious
Groups, at the edge of *lakes*, and swooning,

What we need, us, in the lamp light,
With our won knowledge and overcoming sleep,
It is the head in the hands of the old Faust of stamps,
It is Obstinateness and it is Will!

It is saintly, absolute, and eternal Will,
Latching onto the project like a noble condor
To the flanks of a buffalo exuding fear, and with the beat of a wing
Carrying its trophy across the golden skies!

What we need, it is uninterrupted study,
It is exceptional effort, unequalled combat,
It is night, the bitter night of work, from which rises
Slowly, slowly, the Œuvre, like a sun!

Free to our Inspirations, hearts that a coquettish wink inflames,
To abandon their being to the breezes like a birch;
Poor people! Art is not about to hand over its soul:
Is it the Venus de Milo made of marble, or not?

We then, let's sculpt with the chisel of our Thoughts
The virgin block of Beauty, immaculate Paros,
And let's make surge from under our assiduous hands,
Some pure statue in a star-spangled peplum,

So that one day, striking the eye with its grey and pink rays
The serene masterpiece, like a new Memnon,
The Dawn of Posterity, the Daughter of morose Times,
Makes our name resound through the future air!

# Poèmes Saturniens
# (French)

# Saturniens

*Les Sages d'autrefois, qui valaient bien ceux-ci,*
*Crurent, et c'est un point encor mal éclairci,*
*Lire au ciel les bonheurs ainsi que les désastres,*
*Et que chaque âme était liée à l'un des astres.*
*(On a beaucoup raillé, sans penser que souvent*
*Le rire est ridicule autant que décevant,*
*Cette explication du mystère nocturne.)*
*Or ceux-là qui sont nés sous le signe* SATURNE,
*Fauve planète, chère aux nécromanciens,*
*Ont entre tous, d'après les grimoires anciens,*
*Bonne part de malheur et bonne part de bile.*
*L'Imagination, inquiète et débile,*
*Vient rendre nul en eux l'effort de la Raison.*
*Dans leurs veines, le sang, subtil comme un poison,*
*Brûlant comme une lave, et rare, coule et roule*
*En grésillant leur triste Idéal qui s'écroule.*
*Tels les Saturniens doivent souffrir et tels*
*Mourir, – en admettant que nous soyons mortels. –*
*Leur plan de vie étant dessiné ligne à ligne*
*Par la logique d'une Influence maligne.*

– P.V.

# Prologue

Dans ces temps fabuleux, les limbes de l'histoire,
Où les fils de Raghû, beaux de fard et de gloire,
Vers la Ganga régnaient leur règne étincelant,
Et, par l'intensité de leur vertu, troublant
Les Dieux et les Démons et Bhagavat lui-même,
Augustes, s'élevaient jusqu'au néant suprême,
Ah! la terre et la mer et le ciel, purs encor
Et jeunes, qu'arrosait une lumière d'or
Frémissante, entendaient, apaisant leurs murmures
De tonnerres, de flots heurtés, de moissons mûres,
Et retenant le vol obstiné des essaims,
Les Poètes sacrés chanter les Guerriers saints,
Ce pendant que le ciel et la mer et la terre
Voyaient – rouges et las de leur travail austère –
S'incliner, pénitents fauves et timorés,
Les Guerriers saints devant les Poètes sacrés!
Une connexité grandiosement calme
Liait le Kchatrya serein au Chanteur calme,
Valmiki l'excellent à l'excellent Rama:
Telles sur un étang deux touffes de padma.

– Et sous tes cieux dorés et clairs, Hellas antique,
De Sparte la sévère à la rieuse Allique,
Les Aèdes, Orpheus, Akaïos, étaient
Encore des héros altiers et combattaient,
Homéros, s'il n'a pas, lui, manié le glaive,
Fait retentir, clameur immense qui s'élève,
Vos échos, jamais las, vastes postérités,
D'Hektôr, et d'Odysseus, et d'Akhilleus chantés.
Les héros à leur tour, après les luttes vastes,
Pieux, sacrifiaient aux neuf Déesses chastes,
Et non moins que de l'art d'Arès furent épris
De l'Art dont une Palme immortelle est le prix,
Akhilleus entre tous! Et le Laëtiade
Dompta, parole d'or qui charme et persuade,

Les esprits et les coeurs et les âmes toujours,
Ainsi qu'Orpheus domptait les tigres elles ours.

– Plus tard, vers des climats plus rudes, en des ères
Barbares, chez les Francs tumultueux, nos pères,
Est-ce que le Trouvère héroïque n'eut pas
Comme le Preux sa part auguste des combats?
Est-ce que, Théroldus ayant dit Charlemagne,
Et son neveu Roland resté dans la montagne
Et le bon Olivier et Turpin au grand coeur,
En beaux couplets et sur un rythme âpre et vainqueur,
Est-ce que, cinquante ans après, dans les batailles,
Les durs Leudes perdant leur sang par vingt entailles,
Ne chantaient pas le chant de geste sans rivaux,
De Roland et de ceux qui virent Roncevaux
Et furent de l'énorme et suprême tuerie,
Du temps de l'Empereur à la barbe fleurie?

– Aujourd'hui l'Action et le Rêve ont brisé
Le pacte primitif par les siècles usé,
Et plusieurs ont trouvé funeste ce divorce
De l'harmonie immense et bleue et de la Force.
La Force qu'autrefois le Poète tenait
En bride, blanc cheval ailé qui rayonnait,
La force, maintenant, la Force, c'est la Bête
Féroce bondissante et folle et toujours prête
A tout carnage, à tout dévaslement, à tout
Égorgement d'un bout du monde à l'autre bout!
L'Action qu'autrefois réglait le chant des lyres,
Trouble, enivrée, en proie aux cent mille délires
Fuligineux d'un siècle en ébullition,
L'Action à présent, – ô pitié! – l'Action,
C'est l'ouragan, c'est la tempête, c'est la houle
Marine dans la nuit sans étoiles, qui roule
Et déroule parmi des bruits sourds l'effroi vert
Et rouge des éclairs sur le ciel entr'ouvert!

– Cependant, orgueilleux et doux, loin des vacarmes

De la vie et du choc désordonné des armes
Mercenaires, voyez, gravissant les hauteurs
Ineffables, voici le groupe des Chanteurs
Vêtus de blanc, et des lueurs d'apothéoses
Empourprent la fierté sereine de leurs poses:
Tous beaux, tous purs, avec des rayons dans les yeux,
Et sur leur front le rêve inachevé des Dieux,
Le monde que troublait leur parole profonde,
Les exile. A leur tour ils exilent le monde!
C'est qu'ils ont à la fin compris qu'ils ne faut plus
Mêler leur note pure aux cris irrésolus
Que va poussant la foule obscène et violente,
Et que l'isolement sied à leur marche lente.
Le Poète, l'amour du Beau, voilà sa foi,
L'Azur, son étendard, et l'Idéal, sa loi!
Ne lui demandez rien de plus, car ses prunelles,
Où le rayonnement des choses éternelles
A mis des visions qu'il suit avidement,
Ne sauraient s'abaisser une heure seulement
Sur le honteux conflit des besognes vulgaires,
Et sur vos vanités plates; et si naguères
On le vit au milieu des hommes, épousant
Leurs querelles, pleurant avec eux, les poussant
Aux guerres, célébrant l'orgueil des Républiques
Et l'éclat militaire et les splendeurs auliques.
Sur la kitare, sur la harpe et sur le luth,
S'il honorait parfois le présent d'un salut
Et daignait consentir à ce rôle de prêtre
D'aimer et de bénir, et s'il voulait bien être
La voix qui rit ou pleure alors qu'on pleure ou rit,
S'il inclinait vers l'âme humaine son esprit,
C'est qu'il se méprenait alors sur l'âme humaine.

– Maintenant, va, mon Livre, où le hasard te mène!

# Mélancholia

*A Ernest Boutier.*

## Résignation

Tout enfant, j'allais rêvant Ko-Hinnor,
Somptuosité persane et papale,
Héliogabale et Sardanapale!

Mon désir créait sous des toits en or,
Parmi les parfums, au son des musiques,
Des harems sans fin, paradis physiques!

Aujourd'hui plus calme et non moins ardent,
Mais sachant la vie et qu'il faut qu'on plie,
J'ai dû refréner ma belle folie,
Sans me résigner par trop cependant.

Soit! le grandiose échappe à ma dent,
Mais fi de l'aimable et fi de la lie!
Et je hais toujours la femme jolie,
La rime assonante et l'ami prudent.

## Nevermore

Souvenir, souvenir, que me veux-tu? L'automne
Faisait voler la grive à travers l'air atone,
Et le soleil dardait un rayon monotone
Sur le bois jaunissant où la bise détone.

Nous étions seul à seule et marchions en rêvant,
Elle et moi, les cheveux et la pensée au vent.
Soudain, tournant vers moi son regard émouvant:

«Quel fut ton plus beau jour!» fit sa voix d'or vivant,

Sa voix douce et sonore, au frais timbre angélique.
Un sourire discret lui donna la réplique,
Et je baisai sa main blanche, dévotement.

– Ah! les premières fleurs qu'elles sont parfumées!
Et qu'il bruit avec un murmure charmant
Le premier oui qui sort de lèvres bien-aimées!

## Après Trois Ans

Ayant poussé la porte étroite qui chancelle,
Je me suis promené dans le petit jardin
Qu'éclairait doucement le soleil du matin,
Pailletant chaque fleur d'une humide étincelle.

Rien n'a changé. J'ai tout revu: l'humble tonnelle
De vigne folle avec les chaises de rotin...
Le jet d'eau fait toujours son murmure argentin
Et le vieux tremble sa plainte sempiternelle.

Les roses comme avant palpitent; comme avant,
Les grands lys orgueilleux se balancent au vent.
Chaque alouette qui va et vient m'est connue.

Même j'ai retrouvé debout la Velléda,
Dont le plâtre s'écaille au bout de l'avenue.
– Grêle, parmi l'odeur fade du réséda.

## Vœu

Ah! les oaristys! les premières maîtresses!
L'or des cheveux, l'azur des yeux, la fleur des chairs,
Et puis, parmi l'odeur des corps jeunes et chers,
La spontanéité craintive des caresses!

Sont-elles assez loin toutes ces allégresses
Et toutes ces candeurs! Hélas! toutes devers
Le Printemps des regrets ont fui les noirs hivers
De mes ennuis, de mes dégoûts, de mes détresses!

Si que me voilà seul à présent, morne et seul,
Morne et désespéré, plus glacé qu'un aïeul,
Et tel qu'un orphelin pauvre sans soeur aînée.

O la femme à l'amour câlin et réchauffant,
Douce, pensive et brune, et jamais étonnée,
Et qui parfois vous baise au front, comme un enfant!


# Lassitude

*A batallas de amor campo de pluma.* – GÓNGORA

De la douceur, de la douceur, de la douceur!
Calme un peu ces transports fébriles, ma charmante.
Même au fort du déduit, parfois, vois-tu, l'amante
Doit avoir l'abandon paisible de la soeur.

Sois langoureuse, fais ta caresse endormante,
Bien égaux les soupirs et ton regard berceur.
Va, l'étreinte jalouse et le spasme obsesseur
Ne valent pas un long baiser, même qui mente!

Mais dans ton cher coeur d'or, me dis-tu, mon enfant,
La fauve passion va sonnant l'oliphant.
Laisse-la trompetter à son aise, la gueuse!

Mets ton front sur mon front et ta main dans ma main,
Et fais-moi des serments que tu rompras demain,
Et pleurons jusqu'au jour, ô petite fougueuse!

# Mon Rêve Familier

Je fais souvent ce rêve étrange et pénétrant
D'une femme inconnue, et que j'aime, et qui m'aime,
Et qui n'est, chaque fois, ni tout à fait la même
Ni tout à fait une autre, et m'aime et me comprend.

Car elle me comprend, et mon coeur, transparent
Pour elle seule, hélas! cesse d'être un problème
Pour elle seule, et les moiteurs de mon front blême,
Elle seule les sait rafraîchir, en pleurant.

Est-elle brune, blonde ou rousse? – Je l'ignore.
Son nom? Je me souviens qu'il est doux et sonore,
Comme ceux des aimés que la Vie exila.

Son regard est pareil au regard des statues,
Et, pour sa voix, lointaine, et calme, et grave; elle a
L'inflexion des voix chères qui se sont tues.

# A Une Femme

A vous ces vers, de par la grâce consolante
De vos grands yeux où rit et pleure un rêve doux,
De par votre âme, pure et toute bonne, à vous
Ces vers du fond de ma détresse violente.

C'est qu'hélas! le hideux cauchemar qui me hante
N'a pas de trêve et va furieux, fou, jaloux,
Se multipliant comme un cortège de loups
Et se pendant après mon sort qu'il ensanglante.

Oh! je souffre, je souffre affreusement, si bien
Que le gémissement premier du premier homme
Chassé d'Éden n'est qu'une églogue au prix du mien!

Et les soucis que vous pouvez avoir sont comme
Des hirondelles sur un ciel d'après-midi,
– Chère, – par un beau jour de septembre attiédi.


# L'Angoisse


Nature, rien de toi ne m'émeut, ni les champs
Nourriciers, ni l'écho vermeil des pastorales
Siciliennes, ni les pompes aurorales,
Ni la solennité dolente des couchants.

Je ris de l'Art, je ris de l'Homme aussi, des chants,
Des vers, des temples grecs et des tours en spirales
Qu'étirent dans le ciel vide les cathédrales,
Et je vois du même oeil les bons et les méchants.

Je ne crois pas en Dieu, j'abjure et je renie
Toute pensée, et quant à la vieille ironie,
L'Amour, je voudrais bien qu'on ne m'en parlât plus.

Lasse de vivre, ayant peur de mourir, pareille
Au brick perdu jouet du flux et du reflux,
Mon âme pour d'affreux naufrages appareille.

# Eaux-Fortes

*A François Coppée.*

## Croquis Parisien

La lune plaquait ses teintes de zinc
      Par angles obtus.
Des bouts de fumée en forme de cinq
Sortaient drus et noirs des hauts toits pointus.

Le ciel était gris, la bise pleurait
      Ainsi qu'un basson.
Au loin, un matou frileux et discret
Miaulait d'étrange et grêle façon.

Moi, j'allais, rêvant du divin Platon
      Et de Phidias,
Et de Salamine et de Marathon,
Sous l'oeil clignotant des bleus becs de gaz.

## Cauchemar

J'ai vu passer dans mon rêve
– Tel l'ouragan sur la grève,
D'une main tenant un glaive
Et de l'autre un sablier,
      Ce cavalier

Des ballades d'Allemagne
Qu'à travers ville et campagne,
Et du fleuve à la montagne,
Et des forêts au vallon,
      Un étalon

Rouge-flamme et noir d'ébène,
Sans bride, ni mors, ni rène,
Ni hop! ni cravache, entraîne
Parmi des râlements sourds
          Toujours! toujours!

Un grand feutre à longue plume
Ombrait son oeil qui s'allume
Et s'éteint. Tel, dans la brume,
Éclate et meurt l'éclair bleu
          D'une arme à feu.

Comme l'aile d'une orfraie
Qu'un subit orage effraie,
Par l'air que la neige raie,
Son manteau se soulevant
          Claquait au vent,

Et montrait d'un air de gloire
Un torse d'ombre et d'ivoire,
Tandis que dans la nuit noire
Luisaient en des cris stridents
          Trente-deux dents.

## Marine

L'Océan sonore
Palpite sous l'oeil
De la lune en deuil
Et palpite encore,

Tandis qu'un éclair
Brutal et sinistre
Fend le ciel de bistre
D'un long zigzag clair,

Et que chaque lame,
En bonds convulsifs,
Le long des récifs,
Va, vient, luit et clame,

Et qu'au firmament,
Où l'ouragan erre,
Rugit le tonnerre
Formidablement.


## Effet de Nuit

La nuit. La pluie. Un ciel blafard que déchiquette
De flèches et de tours à jour la silhouette
D'une ville gothique éteinte au lointain gris.
La plaine. Un gibet plein de pendus rabougris
Secoués par le bec avide des corneilles
Et dansant dans l'air noir des gigues non-pareilles,
Tandis que leurs pieds sont la pâture des loups.
Quelques buissons d'épine épars, et quelques houx
Dressant l'horreur de leur feuillage à droite, à gauche,
Sur le fuligineux fouillis d'un fond d'ébauche.
Et puis, autour de trois livides prisonniers
Qui vont pieds nus, un gros de hauts pertuisaniers
En marche, et leurs fers droits, comme des fers de herse,
Luisent à contresens des lances de l'averse.


## Grotesques

Leurs jambes pour toutes montures,
Pour tous biens l'or de leurs regards,
Par le chemin des aventures
Ils vont haillonneux et hagards.

Le sage, indigné, les harangue;
Le sot plaint ces fous hasardeux;
Les enfants leur tirent la langue
Et les filles se moquent d'eux.

C'est qu'odieux et ridicules,
Et maléfiques en effet,
Ils ont l'air, sur les crépuscules,
D'un mauvais rêve que l'on fait;

C'est que, sur leurs aigres guitares
Crispant la main des libertés,
Ils nasillent des chants bizarres,
Nostalgiques et révoltés;

C'est enfin que dans leurs prunelles
Rit et pleure – fastidieux –
L'amour des choses éternelles,
Des vieux morts et des anciens dieux!

– Donc, allez, vagabonds sans trêves,
Errez, funestes et maudits,
Le long des gouffres et des grèves,
Sous l'oeil fermé des paradis!

La nature à l'homme s'allie
Pour châtier comme il le faut
L'orgueilleuse mélancolie
Qui vous fait marcher le front haut.

Et, vengeant sur vous le blasphème
Des vastes espoirs véhéments,
Meurtrit votre front anathème
Au choc rude des éléments.

Les juins brûlent et les décembres
Gèlent votre chair jusqu'aux os,
Et la fièvre envahit vos membres,

Qui se déchirent aux roseaux.

Tout vous repousse et tout vous navre,
Et quand la mort viendra pour vous,
Maigre et froide, votre cadavre
Sera dédaigné par les loups!

# Paysages Tristes

*A Catulle Mendès.*

## Soleils Couchants

Une aube affaiblie
Verse par les champs
La mélancolie
Des soleils couchants.
La mélancolie
Berce de doux chants
Mon coeur qui s'oublie
Aux soleils couchants.
Et d'étranges rêves,
Comme des soleils
Couchants, sur les grèves,
Fantômes vermeils,
Défilent sans trêves,
Défilent, pareils
A des grands soleils
Couchants, sur les grèves.

## Crépuscule du Soir Mystique

Le Souvenir avec le Crépuscule
Rougeoie et tremble à l'ardent horizon
De l'Espérance en flamme qui recule
Et s'agrandit ainsi qu'une cloison
Mystérieuse où mainte floraison
– Dahlia, lys, tulipe et renoncule –
S'élance autour d'un treillis, et circule
Parmi la maladive exhalaison
De parfums lourds et chauds, dont le poison

– Dahlia, lys, tulipe et renoncule –
Noyant mes sens, mon âme et ma raison,
Mêle, dans une immense pâmoison,
Le Souvenir avec le Crépuscule.


## Promenade Sentimentale

Le couchant, dardait ses rayons suprêmes
Et le vent berçait les nénuphars blêmes;
Les grands nénuphars entre les roseaux,
Tristement luisaient sur les calmes eaux.
Moi j'errais tout seul, promenant ma plaie
Au long de l'étang, parmi la saulaie
Où la brume vague évoquait un grand
Fantôme laiteux se désespérant
Et pleurant avec la voix des sarcelles
Qui se rappelaient en battant des ailes
Parmi la saulaie où j'errais tout seul
Promenant ma plaie; et l'épais linceul
Des ténèbres vint noyer les suprêmes
Rayons du couchant dans ses ondes blêmes
Et des nénuphars, parmi les roseaux,
Des grands nénuphars sur les calmes eaux.


## Nuit du Walpurgis Classique

C'est plutôt le sabbat du second Faust que l'autre.
Un rhythmique sabbat, rhythmique, extrêmement
Rhythmique. – Imaginez un jardin de Lenôtre,
        Correct, ridicule et charmant.

Des ronds-points; au milieu, des jets d'eau; des allées
Toutes droites; sylvains de marbre; dieux marins
De bronze; çà et là, des Vénus étalées;
        Des quinconces, des boulingrins;

Des châtaigniers; des plants de fleurs formant la dune;
Ici, des rosiers nains qu'un goût docte effila;
Plus loin, des ifs taillés en triangles. La lune
        D'un soir d'été sur tout cela.

Minuit sonne, et réveille au fond du parc aulique
Un air mélancolique, un sourd, lent et doux air
De chasse: tel, doux, lent, sourd et mélancolique,
        L'air de chasse de *Tannhauser*.

Des chants voilés de cors lointains où la tendresse
Des sens étreint l'effroi de l'âme en des accords
Harmonieusement dissonnants dans l'ivresse;
        Et voici qu'à l'appel des cors

S'entrelacent soudain des formes toutes blanches,
Diaphanes, et que le clair de lune fait
Opalines parmi l'ombre verte des branches,
        – Un Watteau rêvé par Raffet! –

S'entrelacent parmi l'ombre verte des arbres
D'un geste alangui, plein d'un désespoir profond;
Puis, autour des massifs, des bronzes et des marbres
        Très lentement dansent en rond.

– Ces spectres agités, sont-ce donc la pensée
Du poète ivre, ou son regret, ou son remords,
Ces spectres agités en tourbe cadencée,
        Ou bien tout simplement des morts?

Sont-ce donc ton remords, ô rèvasseur qu'invite
L'horreur, ou ton regret, ou ta pensée,– hein? – tous
Ces spectres qu'un vertige irrésistible agite,
        Ou bien des morts qui seraient fous? –

N'importe! ils vont toujours, les fébriles fantômes,
Menant leur ronde vaste et morne et tressautant

Comme dans un rayon de soleil des atomes,
        Et s'évaporent à l'instant

Humide et blême où l'aube éteint l'un après l'autre
Les cors, en sorte qu'il ne reste absolument
Plus rien – absolument – qu'un jardin de Lenôtre,
        Correct, ridicule et charmant.

## Chanson d'Automne

Les sanglots longs
Des violons
        De l'automne
Blessent mon coeur
D'une langueur
        Monotone.

Tout suffocant
Et blême, quand
        Sonne l'heure,
Je me souviens
Des jours anciens
        Et je pleure;

Et je m'en vais
Au vent mauvais
        Qui m'emporte
Deçà, delà,
Pareil à la
        Feuille morte.

## L'Heure du Berger

La lune est rouge au brumeux horizon;
Dans un brouillard qui danse, la prairie

S'endort fumeuse, et la grenouille crie
Par les joncs verts où circule un frisson;

Les fleurs des eaux referment leurs corolles,
Des peupliers profilent aux lointains,
Droits et serrés, leurs spectres incertains;
Vers les buissons errent les lucioles;

Les chats-huants s'éveillent, et sans bruit
Rament l'air noir avec leurs ailes lourdes,
Et le zénith s'emplit de lueurs sourdes.
Blanche, Vénus émerge, et c'est la Nuit.

## Le Rossignol

Comme un vol criard d'oiseaux en émoi,
Tous mes souvenirs s'abattent sur moi,
S'abattent parmi le feuillage jaune
De mon coeur mirant son tronc plié d'aune
Au tain violet de l'eau des Regrets,
Qui mélancoliquement coule auprès,
S'abattent, et puis la rumeur mauvaise
Qu'une brise moite en montant apaise,
S'éteint par degrés dans l'arbre, si bien
Qu'au bout d'un instant on n'entend plus rien,
Plus rien que la voix célébrant l'Absente,
Plus rien que la voix,– ô si languissante! –
De l'oiseau qui fut mon Premier Amour,
Et qui chante encor comme au premier jour;
Et, dans la splendeur triste d'une lune
Se levant blafarde et solennelle, une
Nuit mélancolique et lourde d'été,
Pleine de silence et d'obscurité,
Berce sur l'azur qu'un vent doux effleure
L'arbre qui frissonne et l'oiseau qui pleure.

# Caprices

*A Henry Winter.*

## Femme et Chatte

Elle jouait avec sa chatte;
Et c'était merveille de voir
La main blanche et la blanche patte
S'ébattre dans l'ombre du soir.

Elle cachait – la scélérate! –
Sous ces mitaines de fil noir
Ses meurtriers ongles d'agate,
Coupants et clairs comme un rasoir.

L'autre aussi faisait la sucrée
Et rentrait sa griffe acérée,
Mais le diable n'y perdait rien...

Et dans le boudoir où, sonore,
Tintait son rire aérien,
Brillaient quatre points de phosphore.

## Jésuitisme

Le chagrin qui me tue est ironique, et joint
Le sarcasme au supplice, et ne torture point
Franchement, mais picote avec un faux sourire
Et transforme en spectacle amusant mon martyre,
Et sur la bière où gît mon Rêve mi-pourri,
Beugle un *De profundis* sur l'air du *Traderi*.
C'est un Tartufe qui, tout en mettant des roses
Pompons sur les autels des Madones moroses,

Tout en faisant chanter à des enfants de choeurs
Ces cantiques d'eau tiède où se baigne le coeur,
Tout en ami donnant ces guimpes amoureuses
Qui serpentent au coeur sacré des Bienheureuses,
Tout en disant à voix basse son chapelet,
Tout en passant la main sur son petit collet,
Tout en parlant avec componction de l'âme,
N'en médite pas moins ma ruine,– l'infâme!


## La Chanson des Ingénues

Nous sommes les Ingénues
Aux bandeaux plats, à l'oeil bleu,
Qui vivons, presque inconnues,
Dans les romans qu'on lit peu.

Nous allons entrelacées,
Et le jour n'est pas plus pur
Que le fond de nos pensées,
Et nos rêves sont d'azur;

Et nous courons par les prés
Et rions et babillons
Des aubes jusqu'aux vesprées,
Et chassons aux papillons;

Et des chapeaux de bergères
Défendent notre fraîcheur,
Et nos robes – si légères –
Sont d'une extrême blancheur;

Les Richelieux, les Caussades
Et les chevaliers Faublas
Nous prodiguent les oeillades,
Les saluts et les «hélas!»

Mais en vain, et leurs mimiques

Se viennent casser le nez
Devant les plis ironiques
De nos jupons détournés;

Et notre candeur se raille
Des imaginations
De ces raseurs de muraille,
Bien que parfois nous sentions

Battre nos coeurs sous nos mantes
A des pensers clandestins,
En nous sachant les amantes
Futures des libertins.

## Une Grande Dame

Belle «à damner les saints», à troubler sous l'aumusse
Un vieux juge! Elle marche impérialement.
Elle parle – et ses dents font un miroitement –
Italien, avec un léger accent russe.

Ses yeux froids où l'émail sertit le bleu de Prusse
Ont l'éclat insolent et dur du diamant.
Pour la splendeur du sein, pour le rayonnement
De la peau, nulle reine ou courtisane, fût-ce

Cléopâtre la lynce ou la chatte Ninon,
N'égale sa beauté patricienne, non!
Vois, ô bon Buridan: «C'est une grande dame!»

Il faut – pas de milieu! – l'adorer à genoux.
Plat, n'ayant d'astre aux cieux que ces lourds cheveux roux
Ou bien lui cravacher la face, à cette femme!

# Monsieur Prodhomme

Il est grave: il est maire et père de famille.
Son faux col engloutit son oreille. Ses yeux,
Dans un rêve sans fin, flottent insoucieux
Et le printemps en fleurs sur ses pantoufles brille.

Que lui fait l'astre d'or, que lui fait la charmille
Où l'oiseau chante à l'ombre, et que lui font les cieux,
Et les prés verts et les gazons silencieux?
Monsieur Prudhomme songe à marier sa fille

Avec monsieur Machin, un jeune homme cossu.
Il est juste-milieu, botaniste et pansu,
Quant aux faiseurs de vers, ces vauriens, ces maroufles,

Ces fainéants barbus, mal peignés, il les a
Plus en horreur que son éternel coryza,
Et le printemps en fleurs brille sur ses pantoufles.

# Initium

Les violons mêlaient leur rire du chant des flûtes,
Et le bal tournoyait quand je la vis passer
Avec ses cheveux blonds jouant sur les volutes
De son oreille où mon Désir comme un baiser
S'élançait et voulait lui parler sans oser.

Cependant elle allait, et la mazurque lente
La portait dans son rythme indolent comme un vers,
– Rime mélodieuse, image étincelante,–
Et son âme d'enfant rayonnait à travers
La sensuelle ampleur de ses yeux gris et verts.

Et depuis, ma Pensée – immobile – contemple
Sa Splendeur évoquée, en adoration,

Et, dans son Souvenir, ainsi que dans un temple,
Mon Amour entre, plein de superstition.
Et je crois que voici venir la Passion.


## Çavitri

*(Maha Baratta.)*

Pour sauver son époux, Çavitri fit le voeu
De se tenir trois jours entiers, trois nuits entières,
Debout, sans remuer jambes, buste ou paupières:
Rigide, ainsi que dit Vyaça, comme un pieu.

Ni, Curya, tes rais cruels, ni la langueur
Que Tchandra vient épandre à minuit sur les cimes
Ne firent défaillir, dans leurs efforts sublimes,
La pensée et la chair de la femme au grand coeur.

– Que nous cerne l'Oubli, noir et morne assassin,
Ou que l'Envie aux traits amers nous ait pour cibles.
Ainsi que Çavitri faisons-nous impassibles,
Mais, comme elle, dans l'âme ayons un haut dessein.


## Sub Urbe

Les petits ifs du cimetière
Frémissent au vent hiémal,
Dans la glaciale lumière.

Avec des bruits sourds qui font mal,
Les croix de bois des tombes neuves
Vibrent sur un ton anormal.

Silencieux comme les fleuves,
Mais gros de pleurs comme eux de flots,

Les fils, les mères et les veuves,

Par les détours du triste enclos
S'écoulent, – lente théorie,
Au rythme heurté des sanglots.

Le sol sous les pieds glisse et crie,
Là-haut de grands nuages tors
S'échevèlent avec furie.

Pénétrant comme le remords,
Tombe un froid lourd qui vous écœure,
Et qui doit filtrer chez les morts,

Chez les pauvres morts, à toute heure
Seuls, et sans cesse grelottants,
– Qu'on les oublie ou qu'on les pleure! –

Ah! vienne vite le Printemps,
Et son clair soleil qui caresse,
Et ses doux oiseaux caquetants!

Refleurisse l'enchanteresse
Gloire des jardins et des champs
Que l'âpre hiver tient en détresse!

Et que,– des levers aux couchants,
L'or dilaté d'un ciel sans bornes
Berce de parfums et de chants,

Chers endormis, vos sommeils mornes!


## Sérénade

Comme la voix d'un mort qui chanterait
    Du fond de sa fosse,
Maîtresse, entends monter vers ton retrait

Ma voix aigre et fausse.

Ouvre ton âme et ton oreille au son
    De la mandoline:
Pour toi j'ai fait, pour toi, cette chanson
    Cruelle et câline.

Je chanterai tes yeux d'or et d'onyx
    Purs de toutes ombres,
Puis le Léthé de ton sein, puis le Styx
    De tes cheveux sombres.

Comme la voix d'un mort qui chanterait
    Du fond de sa fosse,
Maîtresse, entends monter vers ton retrait
    Ma voix aigre et fausse.

Puis je louerai beaucoup, comme il convient,
    Cette chair bénie
Dont le parfum opulent me revient
    Les nuits d'insomnie.

Et pour finir, je dirai le baiser
    De ta lèvre rouge,
Et ta douceur à me martyriser,
    – Mon Ange! – ma Gouge!

Ouvre ton âme et ton oreille au son
    De ma mandoline:
Pour toi j'ai fait, pour toi, cette chanson
    Cruelle et câline.

## Un Dahlia

Courtisane au sein dur, à l'oeil opaque et brun
S'ouvrant avec lenteur comme celui d'un boeuf,
Ton grand torse reluit ainsi qu'un marbre neuf.

Fleur grasse et riche, autour de toi ne flotte aucun
Arôme, et la beauté sereine de ton corps
Déroule, mate, ses impeccables accords.

Tu ne sens même pas la chair, ce goût qu'au moins
Exhalent celles-là qui vont fanant les foins,
Et tu trônes, Idole insensible à l'encens.

– Ainsi le Dahlia, roi vêtu de splendeur;
Élève, sans orgueil, sa tête sans odeur,
Irritant au milieu des jasmins agaçants!


# Nevermore

Allons, mon pauvre coeur, allons, *mon vieux complice*,
Redresse et peins à neuf tous tes arcs triomphaux;
Brûle un encens ranci sur tes autels d'or faux;
Sème de fleurs les bords béants du précipice;
Allons, mon pauvre coeur, allons, *mon vieux complice!*

Pousse à Dieu ton cantique, ô chantre rajeuni;
Entonne, orgue enroué, des *Te Deum* splendides;
Vieillard prématuré, mets du fard sur tes rides:
Couvre-toi de tapis mordorés, mur jauni;
Pousse à Dieu ton cantique, ô chantre rajeuni.

Sonnez, grelots; sonnez, clochettes; sonnez, cloches!
Car mon rêve impossible a pris corps, et je l'ai
Entre mes bras pressé: le Bonheur, cet ailé
Voyageur qui de l'Homme évite les approches.
– Sonnez, grelots; sonnez, clochettes; sonnez, cloches!

Le Bonheur a marché côte à côte avec moi;
Mais la FATALITÉ ne connaît point de trêve:
Le ver est dans le fruit, le réveil dans le rêve,
Et le remords est dans l'amour: telle est la loi.

– Le Bonheur a marché côte à côte avec moi.

## Il Bacio

Baiser! rose trémière au jardin des caresses!
Vif accompagnement sur le clavier des dents
Des doux refrains qu'Amour chante en les coeurs ardents,
Avec sa voix d'archange aux langueurs charmeresses!

Sonore et gracieux Baiser, divin Baiser!
Volupté nonpareille, ivresse inénarrable!
Salut! L'homme, penché sur ta coupe adorable,
S'y grise d'un bonheur qu'il ne sait épuiser.

Comme le vin du Rhin et comme la musique,
Tu consoles et tu berces, et le chagrin
Expire avec la moue en ton pli purpurin...
Qu'un plus grand, Gœthe ou Will, te dresse un vers classique.

Moi, je ne puis, chétif trouvère de Paris,
T'offrir que ce bouquet de strophes enfantines:
Sois bénin et, pour prix, sur les lèvres mutines
D'Une que je connais, Baiser, descends, et ris.

## Dans les Bois

D'autres,– des innocents ou bien des lymphatiques,–
Ne trouvent dans les bois que charmes langoureux,
Souffles frais et parfums tièdes. Ils sont heureux!
D'autres s'y sentent pris – rêveurs – d'effrois mystiques.

Ils sont heureux! Pour moi, nerveux, et qu'un remords
Épouvantable et vague affole sans relâche,
Par les forêts je tremble à la façon d'un lâche
Qui craindrait une embûche ou qui verrait des morts.

Ces grands rameaux jamais apaisés, comme l'onde,
D'où tombe un noir silence avec une ombre encore
Plus noire, tout ce morne et sinistre décor
Me remplit d'une horreur triviale et profonde.

Surtout les soirs d'été: la rougeur du couchant
Se fond dans le gris bleu des brumes qu'elle teinte
D'incendie et de sang; et l'angélus qui tinte
Au lointain semble un cri plaintif se rapprochant.

Le vent se lève chaud et lourd, un frisson passe
Et repasse, toujours plus fort, dans l'épaisseur
Toujours plus sombre des hauts chênes, obsesseur,
Et s'éparpille, ainsi qu'un miasme, dans l'espace.

La nuit vient. Le hibou s'envole. C'est l'instant
Où l'on songe aux récits des aïeules naïves...
Sous un fourré, là-bas, là-bas, des sources vives
Font un bruit d'assassins postés se concertant.


# Nocturne Parisien

*A Edmond Lepelletier.*

Roule, roule ton flot indolent, morne Seine,–
Sur tes ponts qu'environne une vapeur malsaine
Bien des corps ont passé, morts, horribles, pourris,
Dont les âmes avaient pour meurtrier Paris.
Mais tu n'en traînes pas, en tes ondes glacées,
Autant que ton aspect m'inspire de pensées!

Le Tibre a sur ses bords des ruines qui font
Monter le voyageur vers un passé profond,
Et qui, de lierre noir et de lichen couvertes,
Apparaissent, tas gris, parmi les herbes vertes.
Le gai Guadalquivir rit aux blonds orangers

Et reflète, les soirs, des boléros légers.
Le Pactole a son or, le Bosphore a sa rive
Où vient faire son kief l'odalisque lascive.
Le Rhin est un burgrave, et c'est un troubadour
Que le Lignon, et c'est un ruffian que l'Adour.
Le Nil, au bruit plaintif de ses eaux endormies,
Berce de rêves doux le sommeil des momies.
Le grand Meschascébé, fier de ses joncs sacrés,
Charrie augustement ses îlots mordorés,
Et soudain, beau d'éclairs, de fracas et de fastes,
Splendidement s'écroule en Niagaras vastes.
L'Eurotas, où l'essaim des cygnes familiers
Mêle sa grâce blanche au vert mat des lauriers,
Sous son ciel clair que raie un vol de gypaète,
Rhythmique et caressant, chante ainsi qu'un poète.
Enfin, Ganga, parmi les hauts palmiers tremblants
Et les rouges padmas, marche à pas fiers et lents
En appareil royal, tandis qu'au loin la foule
Le long des temples va, hurlant, vivante houle,
Au claquement massif des cymbales de bois,
Et qu'accroupi, filant ses notes de hautbois,
Du saut de l'antilope agile attendant l'heure,
Le tigre jaune au dos rayé s'étire et pleure.

– Toi, Seine, tu n'as rien. Deux quais, et voilà tout,
Deux quais crasseux, semés de l'un à l'autre bout
D'affreux bouquins moisis et d'une foule insigne
Qui fait dans l'eau des ronds et qui pêche à la ligne.
Oui, mais quand vient le soir, raréfiant enfin
Les passants allourdis de sommeil ou de faim,
Et que le couchant met au ciel des taches rouges,
Qu'il fait bon aux rêveurs descendre de leurs bouges
Et, s'accoudant au pont de la Cité, devant
Notre-Dame, songer, coeur et cheveux au vent!
Les nuages, chassés par la brise nocturne,
Courent, cuivreux et roux, dans l'azur taciturne.
Sur la tête d'un roi du portail, le soleil,
Au moment de mourir, pose un baiser vermeil.

L'Hirondelle s'enfuit à l'approche de l'ombre.
Et l'on voit voleter la chauve-souris sombre.
Tout bruit s'apaise autour. A peine un vague son
Dit que la ville est là qui chante sa chanson,
Qui lèche ses tyrans et qui mord ses victimes;
Et c'est l'aube des vols, des amours et des crimes.
– Puis, tout à coup, ainsi qu'un ténor effaré
Lançant dans l'air bruni son cri désespéré,
Son cri qui se lamente, et se prolonge, et crie,
Éclate en quelque coin l'orgue de Barbarie:
Il brame un de ces airs, romances ou polkas,
Qu'enfants nous tapotions sur nos harmonicas
Et qui font, lents ou vifs, réjouissants ou tristes,
Vibrer l'âme aux proscrits, aux femmes, aux artistes.
C'est écorché, c'est faux, c'est horrible, c'est dur,
Et donnerait la fièvre à Rossini, pour sûr;
Ces rires sont traînés, ces plaintes sont hachées;
Sur une clef de sol impossible juchées,
Les notes ont un rhume et les do sont des la,
Mais qu'importe! l'on pleure en entendant cela!
Mais l'esprit, transporté dans le pays des rêves,
Sent à ces vieux accords couler en lui des sèves;
La pitié monte au coeur et les larmes aux yeux,
Et l'on voudrait pouvoir goûter la paix des cieux,
Et dans une harmonie étrange et fantastique
Qui tient de la musique et tient de la plastique,
L'âme, les inondant de lumière et de chant,
Mêle les sons de l'orgue aux rayons du couchant!

– Et puis l'orgue s'éloigne, et puis c'est le silence,
Et la nuit terne arrive et Vénus se balance
Sur une molle nue au fond des cieux obscurs:
On allume les becs de gaz le long des murs.
Et l'astre et les flambeaux font des zigzags fantasques
Dans le fleuve plus noir que le velours des masques;
Et le contemplateur sur le haut garde-fou
Par l'air et par les ans rouillé comme un vieux sou
Se penche, en proie aux vents néfastes de l'abîme.

Pensée, espoir serein, ambition sublime,
Tout, jusqu'au souvenir, tout s'envole, tout fuit,
Et l'on est seul avec Paris, l'Onde et la Nuit!

– Sinistre trinité! De l'ombre dures portes!
Mané-Thécel-Pharès des illusions mortes!
Vous êtes toutes trois, ô Goules de malheur,
Si terribles, que l'Homme, ivre de la douleur
Que lui font en perçant sa chair vos doigts de spectre,
L'Homme, espèce d'Oreste à qui manque une Électre,
Sous la fatalité de votre regard creux
Ne peut rien et va droit au précipice affreux;
Et vous êtes aussi toutes trois si jalouses
De tuer et d'offrir au grand Ver des épouses
Qu'on ne sait que choisir entre vos trois horreurs,
Et si l'on craindrait moins périr par les terreurs
Des Ténèbres que sous l'Eau sourde, l'Eau profonde,
Ou dans tes bras fardés, Paris, reine du monde!

– Et tu coules toujours, Seine, et, tout en rampant,
Tu traînes dans Paris ton cours de vieux serpent,
De vieux serpent boueux, emportant vers tes havres
Tes cargaisons de bois, de houille et de cadavres!


# Marco

Quand Marco passait, tous les jeunes hommes
Se penchaient pour voir ses yeux, des Sodomes
Où les feux d'Amour brûlaient sans pitié
Ta pauvre cahute, ô froide Amitié;
Tout autour dansaient des parfums mystiques
Où l'âme, en pleurant, s'anéantissait.
Sur ses cheveux roux un charme glissait;
Sa robe rendait d'étranges musiques
        Quand Marco passait.

Quand Marco chantait, ses mains, sur l'ivoire,

Évoquaient souvent la profondeur noire
Des airs primitifs que nul n'a redits,
Et sa voix montait dans les paradis
De la symphonie immense des rêves,
Et l'enthousiasme alors transportait
Vers des cieux connus quiconque écoutait
Ce timbre d'argent qui vibrait sans trèves,
     Quand Marco chantait.

Quand Marco pleurait, ses terribles larmes
Défiaient l'éclat des plus belles armes;
Ses lèvres de sang fonçaient leur carmin
Et son désespoir n'avait rien d'humain;
Pareil au foyer que l'huile exaspère,
Son courroux croissait, rouge, et l'on aurait
Dit d'une lionne à l'âpre forêt
Communiquant sa terrible colère,
     Quand Marco pleurait.

Quand Marco dansait, sa jupe moirée
Allait et venait comme une marée,
Et, tel qu'un bambou flexible, son flanc
Se tordait, faisant saillir son sein blanc;
Un éclair partait. Sa jambe de marbre,
Emphatiquement cynique, haussait
Ses mates splendeurs, et cela faisait
Le bruit du vent de la nuit dans un arbre,
     Quand Marco dansait.

Quand Marco dormait, oh! quels parfums d'ambre
Et de chair mêlés opprimaient la chambre!
Sous les draps la ligne exquise du dos
Ondulait, et dans l'ombre des rideaux
L'haleine montait, rhythmique et légère;
Un sommeil heureux et calme fermait
Ses yeux, et ce doux mystère charmait
Les vagues objets parmi l'étagère,
     Quand Marco dormait.

Mais quand elle aimait, des flots de luxure
Débordaient, ainsi que d'une blessure
Sort un sang vermeil qui fume et qui bout,
De ce corps cruel que son crime absout:
Le torrent rompait les digues de l'âme,
Noyait la pensée, et bouleversait
Tout sur son passage, et rebondissait
Souple et dévorant comme de la flamme,
   Et puis se glaçait.

# César Borgia

*Portrait en Pied*

Sur fond sombre noyant un riche vestibule
Où le buste d'Horace et celui de Tibulle
Lointain et de profil rêvent en marbre blanc,
La main gauche au poignard et la main droite au flanc,
Tandis qu'un rire doux redresse la moustache,
Le duc CÉSAR, un grand costume, se détache.
Les yeux noirs, les cheveux noirs et le velours noir
Vont contrastant, parmi l'or somptueux d'un soir,
Avec la pâleur mate et belle du visage
Vu de trois quarts et très ombré, suivant l'usage
Des Espagnols ainsi que des Vénitiens,
Dans les portraits de rois et de praticiens.
Le nez palpite, fin et droit. La bouche, rouge,
Est mince, et l'on dirait que la tenture bouge
Au souffle véhément qui doit s'en exhaler.
Et le regard errant avec laisser-aller,
Devant lui, comme il sied aux anciennes peintures,
Fourmille de pensers énormes d'aventures.
Et le front, large et pur, sillonné d'un grand pli,
Sans doute de projets formidables rempli,
Médite sous la toque où frissonne une plume
S'élançant hors d'un noeud de rubis qui s'allume.

# La Mort de Philippe II

*A Louis-Xavier de Ricard.*

Le coucher d'un soleil de septembre ensanglante
La plaine morne et l'âpre arête des sierras
Et de la brume au loin l'installation lente.

Le Guadarrama pousse entre les sables ras
Son flot hâtif qui va réfléchissant par places
Quelques oliviers nains tordant leurs maigres bras.

Le grand vol anguleux des éperviers rapaces
Raye à l'ouest le ciel mat et rouge qui brunit,
Et leur cri rauque grince à travers les espaces.

Despotique, et dressant au-devant du zénith
L'entassement brutal de ses tours octogones,
L'Escurial étend son orgueil de granit.

Les murs carrés, percés de vitraux monotones,
Montent droits, blancs et nus, sans autres ornements
Que quelques grils sculptés qu'alternent des couronnes.

Avec des bruits pareils aux rudes hurlements
D'un ours que des bergers navrent de coups de pioches
Et dont l'écho redit les râles alarmants,

Torrent de cris roulant ses ondes sur les roches,
Et puis s'évaporant en de murmures longs,
Sinistrement dans l'air, du soir, tintent les cloches.

Par les cours du palais, où l'ombre met ses plombs,
Circule – tortueux serpent hiératique –
Une procession de moines aux frocs blonds

Qui marchent un par un, suivant l'ordre ascétique,
Et qui, pieds nus, la corde aux reins, un cierge en main,

Ululent d'une voix formidable un cantique.

– Qui donc ici se meurt? Pour qui sur le chemin
Cette paille épandue et ces croix long-voilées
Selon le rituel catholique romain? –

La chambre est haute, vaste et sombre. Niellées,
Les portes d'acajou massif tournent sans bruit,
Leurs serrures étant, comme leurs gonds, huilées.

Une vague rougeur plus triste que la nuit
Filtre à rais indécis par les plis des tentures
A travers les vitraux où le couchant reluit,

Et fait papilloter sur les architectures,
A l'angle des objets, dans l'ombre du plafond,
Ce halo singulier qu'ont voit dans les peintures.

Parmi le clair-obscur transparent et profond
S'agitent effarés des hommes et des femmes
A pas furtifs, ainsi que les hyènes font.

Riches, les vêtements des seigneurs et des dames
Velours panne, satin soie, hermine et brocart,
Chantent l'ode du luxe en chatoyantes gammes,

Et, trouant par éclairs distancés avec art
L'opaque demi-jour, les cuirasses de cuivre
Des gardes alignés scintillent de trois quart

Un homme en robe noire, à visage de guivre,
Se penche, en caressant de la main ses fémurs.
Sur un lit, comme l'on se penche sur un livre.

Des rideaux de drap d'or roides comme des murs
Tombent d'un dais de bois d'ébène en droite ligne,
Dardant à temps égaux l'oeil des diamants durs.

Dans le lit, un vieillard d'une maigreur insigne
Égrène un chapelet, qu'il baise par moment,
Entre ses doigts crochus comme des brins de vigne

Ses lèvres font ce sourd et long marmottement,
Dernier signe de vie et premier d'agonie,
– Et son haleine pue épouvantablement.

Dans sa barbe couleur d'amarante ternie,
Parmi ses cheveux blancs où luisent des tons roux
Sous son linge bordé de dentelle jaunie,

Avides, empressés, fourmillants, et jaloux
De pomper tout le sang malsain du mourant fauve,
En bataillons serrés vont et viennent les poux.

C'est le Roi, ce mourant qu'assisté un mire chauve,
Le Roi Philippe Deux d'Espagne,– Saluez!
Et l'aigle autrichien s'effare dans l'alcôve,

Et de grands écussons, aux murailles cloués,
Brillent, et maints drapeaux où l'oiseau noir s'étale
Pendent deçà delà, vaguement remués!...

– La porte s'ouvre. Un flot de lumière brutale
Jaillit soudain, déferle et bientôt s'établit
Par l'ampleur de la chambre en nappe horizontale ;

Porteurs de torches, roux, et que l'extase emplit,
Entrent dix capucins qui restent en prière:
Un d'entre eux se détache et marche droit au lit.

Il est grand, jeune et maigre, et son pas est de pierre,
Et les élancements farouches de la Foi
Rayonnent à travers les cils de sa paupière;

Son pied ferme et pesant et lourd, comme la Loi,
Sonne sur les tapis, régulier, emphatique;

Les yeux baissés en terre, il marche droit au Roi.

Et tous sur son trajet dans un geste extatique
S'agenouillent, frappant trois fois du poing leur sein,
Car il porte avec lui le sacré Viatique.

Du lit s'écarte avec respect le matassin,
Le médecin du corps, en pareille occurrence,
Devant céder la place, Ame, à ton médecin.

La figure du Roi, qu'étire la souffrance,
A l'approche du fray se rassérène un peu.
Tant la religion est grosse d'espérance!

Le moine, cette fois, ouvrant son oeil de feu,
Tout brillant de pardons mêlés à des reproches,
S'arrête, messager des justices de Dieu.

– Sinistrement dans l'air du soir tintent les cloches.

Et la Confession commence. Sur le flanc
Se retournant, le roi, d'un ton sourd, bas et grêle,
Parle de feux, de juifs, de bûchers et de sang.

– «Vous repentiriez-vous par hasard de ce zèle?
«Brûler des juifs, mais c'est une dilection!
«Vous fûtes, ce faisant, orthodoxe et fidèle.» –

Et, se pétrifiant dans l'exaltation,
Le Révérend, les bras croisés en croix, tête dressée,
Semble l'esprit sculpté de l'Inquisition.

Ayant repris haleine, et d'une voix cassée,
Péniblement, et comme arrachant par lambeaux
Un remords douloureux du fond de sa pensée,

Le Roi, dont la lueur tragique des flambeaux
Éclaire le visage osseux et le front blême,

Prononce ces mots: Flandre, Albe, morts, sacs, tombeaux.

– «Les Flamands, révoltés contre l'Église même,
«Furent très justement punis, à votre los,
«Et je m'étonne, ô Roi, de ce doute suprême.

«Poursuivez.» – Et le roi parla de don Carlos.
Et deux larmes coulaient tremblantes sur sa joue
Palpitante et collée affreusement à l'os.

– «Vous déplorez cet acte, et moi je vous en loue!
«L'Infant, certes, était coupable au dernier point,
«Ayant voulu tirer l'Espagne dans la boue

«De l'hérésie anglaise, et de plus n'ayant point
«Frémi de conspirer – ô ruses abhorrées! –
«Et contre un Père, et contre un Maître, et contre un Oint!» –

Le moine ensuite dit les formules sacrées
Par quoi tous nos péchés nous sont remis, et puis,
Prenant l'Hostie avec ses deux mains timorées,

Sur la langue du Roi la déposa. Tous bruits
Se sont tus, et la Cour, pliant dans la détresse,
Pria, muette et pâle, et nul n'a su depuis

Si sa prière fut sincère ou bien traîtresse.
– Qui dira les pensers obscurs que protégea
Ce silence, brouillard complice qui se dresse? –

Ayant communié, le Roi se replongea
Dans l'ampleur des coussins, et la béatitude
De l'Absolution reçue ouvrant déjà

L'oeil de son âme au jour clair de la certitude,
épanouit ses traits en un sourire exquis
Qui tenait de la fièvre et de la quiétude.

Et tandis qu'alentour ducs, comtes et marquis,
Pleins d'angoisses, fichaient leurs yeux sous la courtine.
L'âme du Roi montait aux cieux conquis.

Puis le râle des morts hurla dans la poitrine
De l'auguste malade avec des sursauts fous:
Tel l'ouragan passe à travers une ruine.

Et puis, plus rien; et puis, sortant par mille trous,
Ainsi que des serpents frileux de leur repaire,
Sur le corps froid les vers se mêlèrent aux poux.

– Philippe Deux était à la droite du Père.

# Épilogue

### I

Le soleil, moins ardent, luit clair au ciel moins dense.
Balancés par un vent automnal et berceur,
Les rosiers du jardin s'inclinent en cadence.
L'atmosphère ambiante a des baisers de soeur,

La Nature a quitté pour cette fois son trône
De splendeur, d'ironie et de sérénité:
Clémente, elle descend, par l'ampleur de l'air jaune,
Vers l'homme, son sujet pervers et révolté.

Du pan de son manteau que l'abîme constelle,
Elle daigne essuyer les moiteurs de nos fronts,
Et son âme éternelle et sa forme immortelle
Donnent calme et vigueur à nos coeurs mous et prompts.

Le frais balancement des ramures chenues,
L'horizon élargi plein de vagues chansons,
Tout, jusqu'au vol joyeux des oiseaux et des nues,
Tout aujourd'hui console et délivre. – Pensons.


### II

Donc, c'en est fait. Ce livre est clos. Chères Idées
Qui rayiez mon ciel gris de vos ailes de feu
Dont le vent caressait mes tempes obsédées,
Vous pouvez revoler devers l'Infini bleu!

Et toi, Vers qui tintais, et toi, Rime sonore,
Et vous, Rythmes chanteurs, et vous, délicieux
Ressouvenirs, et vous, Rêves, et vous encore,
Images qu'évoquaient mes désirs anxieux,

Il faut nous séparer. Jusqu'aux jours plus propices
Ou nous réunira l'Art, notre maître, adieu,
Adieu, doux compagnons, adieu, charmants complices!
Vous pouvez revoler devers l'Infini bleu.

Aussi bien, nous avons fourni notre carrière
Et le jeune étalon de notre bon plaisir,
Tout affolé qu'il est de sa course première,
A besoin d'un peu d'ombre et de quelque loisir.

– Car toujours nous t'avons fixée, ô Poésie,
Notre astre unique et notre unique passion,
T'ayant seule pour guide et compagne choisie,
Mère, et nous méfiant de l'Inspiration.


                III

Ah! l'Inspiration superbe et souveraine,
L'Égérie aux regards lumineux et profonds,
Le Genium commode et l'Erato soudaine,
L'Ange des vieux tableaux avec des ors au fond,

La Muse, dont la voix est puissante sans doute,
Puisqu'elle fait d'un coup dans les premiers cerveaux,
Comme ces pissenlits dont s'émaille la route,
Pousser tout un jardin de poèmes nouveaux,

La Colombe, le Saint-Esprit, le saint délire,
Les Troubles opportuns, les Transports complaisants,
Gabriel et son luth, Apollon et sa lyre,
Ah! l'Inspiration, on l'invoque à seize ans!

Ce qu'il nous faut à nous, les Suprêmes Poèles
Qui vénérons les Dieux et qui n'y croyons pas,
A nous dont nul rayon n'auréola les têtes,
Dont nulle Béatrix n'a dirigé les pas,

A nous qui ciselons les mots comme des coupes
Et qui faisons des vers émus très froidement,
A nous qu'on ne voit point les soirs aller par groupes
Harmonieux au bord des lacs et nous pàmant,

Ce qu'il nous faut, à nous, c'est, aux lueurs des lampes,
La science conquise et le sommeil dompté,
C'est le front dans les mains du vieux Faust des estampes,
C'est l'Obstination et c'est la Volonté!

C'est la Volonté sainte, absolue, éternelle,
Cramponnée au projet comme un noble condor
Aux flancs fumants de peur d'un buffle, et d'un coup d'aile
Emportant son trophée à travers les cieux d'or!

Ce qu'il nous faut à nous, c'est l'étude sans trêve,
C'est l'effort inouï, le combat non pareil,
C'est la nuit, l'âpre nuit du travail, d'où se lève
Lentement, lentement, l'Oeuvre, ainsi qu'un soleil!

Libre à nos Inspirés, coeurs qu'une oeillade enflamme.
D'abandonner leur être aux vents comme un bouleau:
Pauvres gens! l'Art n'est pas d'éparpiller son âme:
Est-elle eu marbre, ou non, la Vénus de Milo?

Nous donc, sculptons avec le ciseau des Pensées
Le bloc vierge du Beau, Paros immaculé,
Et faisons-en surgir sous nos mains empressées
Quelque pure statue au péplos étoile,

Afin qu'un jour, frappant de rayons gris et roses
Le chef-d'oeuvre serein, comme un nouveau Memnon
L'Aube-Postérité, fille des Temps moroses,
Fasse dans l'air futur retentir notre nom!

# Other Books by the Publisher

*Fanchette's Pretty Little Foot* by Restif de La Bretonne

*Je M'Accuse...* by Léon Bloy

*My Hospitals & My Prisons* by Paul Verlaine

*Salvation Through the Jews* by Léon Bloy

*Words of a Demolitions Contractor* by Léon Bloy

*Cellulely* by Paul Verlaine

*Ecclesiastical Laurels* by Jacques Rochette de la Morlière

*Flowers of Bitumen* by Émile Goudeau

*Songs for Her & Odes in Her Honor* by Paul Verlaine

*On Huysmans' Tomb* by Léon Bloy

*Ten Years a Bohemian* by Émile Goudeau

*The Soul of Napoleon* by Léon Bloy

*Blood of the Poor* by Léon Bloy

*Joan of Arc and Germany* by Léon Bloy

*Theresa the Philosopher & The Carmelite Extern Nun* by Marquis d'Argens & Anne-Gabriel Meusnier de Querlon

*A Platonic Love* by Paul Alexis

*Two Novellas: Francine Cloarec's Funeral and Benjamin Rozes* by Léon Hennique

www.ingramcontent.com/pod-product-compliance
Lightning Source LLC
Chambersburg PA
CBHW031434120626
46545CB00006B/2396